Erich Schäfer
Historische Vorläufer
der wissenschaftlichen Weiterbildung

AF130254

Erich Schäfer

Historische Vorläufer der wissenschaftlichen Weiterbildung

Von der Universitätsausdehnungsbewegung
bis zu den Anfängen
der universitären Erwachsenenbildung
in der Bundesrepublik Deutschland

Springer Fachmedien Wiesbaden GmbH 1988

Der Autor:

Dr. phil. Erich Schäfer, geb. 1954, ist wissenschaftlicher Mitarbeiter an der Fakultät für Pädagogik der Universität Bielefeld und Referent der Lehrkommission für Weiterbildungsangelegenheiten

CIP-Kurztitelaufnahme der Deutschen Bibliothek

Schäfer, Erich:
Historische Vorläufer der wissenschaftlichen Weiterbildung:
von d. Universitätsausdehnungsbewegung bis zu d. Anfängen d.
universitären Erwachsenenbildung in d. Bundesrepublik
Deutschland / Erich Schäfer. — Opladen: Leske u. Budrich, 1988

ISBN 978-3-663-10308-0   ISBN 978-3-663-10307-3 (eBook)
DOI 10.1007/978-3-663-10307-3

Inhalt

Einleitung

Die Einschätzung und Beurteilung der in jüngster Zeit verstärkt geführten Diskussionen um die Zusammenarbeit des tertiären und quartären Bildungssektors erfordert eine Beschäftigung mit den historischen Ursprüngen und Erfahrungen der Erwachsenenbildungsbeteiligung von Hochschulen. Denn erst die Kenntnis der Geschichte universitärer Erwachsenenbildung ermöglicht es, aktuelle Problemstellungen aus ihrer spezifischen Situationsgebundenheit herauszuführen und sie als Elemente eines historischen Prozesses zu betrachten. Indem ich mich des geschichtlichen Kontextes der Fragestellungen vergewissere, schaffe ich zugleich die Voraussetzung für eine realistische Bewertung von momentanen Handlungschancen im Feld universitärer Erwachsenenbildung.

Die Beschäftigung mit den historischen Ursprüngen und Vorläufern der heutigen wissenschaftlichen Weiterbildung findet in dieser Arbeit unter einer mehrdimensionalen Perspektive statt. Während in den Kapiteln das Verhältnis von Wissenschaft und Erwachsenenbildung in seiner chronologischen Abfolge behandelt wird, vollzieht sich die Auseinandersetzung mit den einzelnen historischen Epochen anhand dreier übergreifender Problemstellungen. In einem ersten Komplex gilt es die *Begründungszusammenhänge universitärer Erwachsenenbildung* im Kontext politischer, sozialer und ideengeschichtlicher Faktoren aufzuzeigen; im Vordergrund steht dabei die Annäherung an das Verhältnis von Bildung, Hochschule und Gesellschaft unter den jeweiligen zeitgeschichtlichen Bedingungen. In einem zweiten Problemzugang widme ich mich den *Inhalten, Methoden und Organisationsformen* von wissenschaftlicher Weiterbildung; Ziel ist es dabei, eine deskriptive Bestandsaufnahme universitärer Erwachsenenbildung in den einzelnen historischen Phasen vorzunehmen. Anschließend wird in einem dritten Schritt auf ein zentrales Problem wissenschaftlicher Weiterbildung, das *Verhältnis von Wissenschaft und Lebenspraxis*, eingegangen.

Das Ziel des gewählten Vorgehens kann nicht darin bestehen, eine Institutionen – oder Ideengeschichte universitärer Erwachsenenbildung zu schreiben; vielmehr soll die Beschäftigung mit der Geschichte dazu beitragen, Einsicht in den evolutionären Prozeßcharakter universitärer Erwachsenenbildung als soziale Interaktionsform zu gewinnen, um somit mögliche Entwicklungsperspektiven heutiger wissenschaftlicher Weiterbildung in Theorie und Praxis besser ausloten zu können. Eine Beschäftigung mit der Historie, wie sie hier intendiert ist, fühlt sich einem Ansatz verpflichtet, der auf der Ebene der Gleichzeitigkeit *figurativ* und auf der Ebene der Chronologie *evolutionär* arbeitet (vgl. hierzu Dräger 1984). Figuration meint hier die entwickelte Ordnung der Gesellschaft, den gesamtgesellschaftlichen Zusammenhang als interdependentes Regelsystem sozioökonomischer, soziokultureller sowie politisch – administrativer Beziehungsarchitektur. Die Auseinandersetzung mit den Aspekten einer Sozialgeschichte des Erwachsenenbildungsengagements der Hochschulen leistet ein

Zweifaches: Zum einen hilft sie den Mißbrauch mit der Vergangenheit abzuwehren, zum anderen ist historische Aufklärung unabdingbar für eine Theorie, die sich die Aufgabe stellt, der Praxis dienen zu wollen (vgl. Dräger 1981, S. 11ff.). Die Geschichte der universitären Erwachsenenbildung ist im wesentlichen eine Geschichte des Verhältnisses der Hochschule zu der sie umgebenden Gesellschaft. Die Institution Hochschule wird wesentlich geprägt durch die vorherrschenden gesellschaftlichen Bedingungen; umgekehrt gehen von den Universitäten bedingende Einflüsse auf die gesellschaftliche Verfassung aus. Wenngleich dieser Sachverhalt einer wechselseitigen Beziehungsstruktur für nahezu alle größeren Organisationen zutrifft, so zeichnet die Hochschule dennoch ein spezifisches Kennzeichen aus; sie ist eine in hohem Maße historisch sedimentierte Institution, in der sich gesellschaftliche Konstellationen abgelagert haben. Dieser Umstand erklärt auch, warum die Entwicklung der Hochschule nicht unbedingt mit gesellschaftlichen Veränderungen im politischen und ökonomischen System synchron zu verlaufen braucht. Historisch ältere Bewußtseinsschichten, Traditionen und Legitimationsformeln wirken zum Teil neben den neueren, werden von diesen überlagert bzw. drängen sie in den Hintergrund. Das führt zu dem Phänomen der Ungleichzeitigkeit zwischen inner- und außeruniversitärer Entwicklung und ist für eine gewisse Gesellschaftsferne der Hochschule verantwortlich, die sich sowohl in konservativen als auch gesellschaftskritischen Haltungen ausdrücken kann.

Bevor in den folgenden Kapiteln auf die historisch spezifischen Formen des Verhältnisses Hochschule − Gesellschaft im Kontext des Entstehungs− und Begründungszusammenhangs universitärer Erwachsenenbildung eingegangen wird, gilt es aufgrund der erwähnten Besonderheiten des Systems Hochschule zunächst einige seiner übergreifenden Kennzeichen und Funktionen aufzuzeigen, die je nach den historischen Epochen eine unterschiedliche Ausprägung erfahren. Versteht man unter Hochschule eine komplexe Organisationsform intellektueller Arbeit, die nicht nur wissenschafts−paradigmatischen, sondern auch sozioökonomischen Steuerungsprinzipien unterliegt, so lassen sich folgende spezifische Merkmale dieser gesellschaftlichen Institution unterscheiden (vgl. Prahl 1978, S. 30f.): Erstens zeichnet sich die Hochschule durch ihre Exklusivität aus; mittels Sprache, Ritualen, Zugangsvoraussetzungen etc. grenzt sie sich gegenüber anderen gesellschaftlichen Bereichen ab. Ein zweites Charakteristikum der Hochschule stellt die relative Eigenständigkeit von Arbeits−, Verkehrs− und Kooperationsformen zwischen Lehrenden und Lernenden dar. Drittens wird in der Hochschule überliefertes Wissen tradiert und forschend weiterentwickelt nach den jeweiligen Kriterien einer paradigmatisch festgelegten Wissenschaftlichkeit. Viertens besitzt die Hochschule ein Monopol für die Vermittlung gesellschaftlich hochbewerteter Qualifikationen und organisiert fünftens extrafunktionale Sozialisationsprozesse; über beide Aspekte wird der Zugang zu bestimmten gesellschaftlichen Positionen und das damit zusammenhängende Sozialprestige geregelt. Ein sechstes Kennzeichen der Hochschule ist ihre Priorität im Bildungswesen; als formal höchste

Stufe im Bildungssystem steht sie an der Spitze der Bildungspyramide. Allein schon diese Auflistung macht deutlich, welche inneruniversitären Widerstände, Probleme und Hindernisse mit einem Weiterbildungsengagement der Hochschule verbunden sind. Raapke (1978, S. 72) bezeichnet die Geschichte der universitären Erwachsenenbildung aus diesem Grunde zutreffend als eine "Geschichte der geduldigen und mühsamen Versuche ... Barrieren abzubauen".

Die deskriptiven Kennzeichen von Hochschulen können allerdings noch nicht hinreichend darüber Auskunft geben, warum Universitäten als Teil des Bildungs − und Wissenschaftssystems eine relative Autonomie gegenüber anderen gesellschaftlichen Institutionen erlangt haben. Eine Antwort auf diese Frage verschafft der Blick auf vier Grundfunktionen, die Hochschulen seit dem 12. Jahrhundert stets erfüllt haben und die in ihrer Komplexität nicht von anderen Institutionen wahrgenommen werden können. Nach Prahl (1978, S. 31ff.) sind dies: Qualifikation, Legitimation, Tradition und Innovation. Zwar existierten zu allen Zeiten Institutionen, die als funktionale Äquivalente die eine oder andere Aufgabe übernommen haben, aber erst aus der Verknüpfung dieser vier Funktionen in der Hochschule erwächst deren besondere Leistung gegenüber anderen gesellschaftlichen Teilbereichen und die daraus resultierende exponierte Stellung in der Gesellschaft.

Die Qualifikationsfunktion leitet sich aus der Notwendigkeit ab, die zukünftige gesellschaftliche Elite auf ihre Herrschaftspositionen vorzubereiten und sie mit dem hierfür erforderlichen Wissen, Bewußtsein und Verhalten zu appretieren. Dies macht es erforderlich, neben den funktionalen ebenso die extrafunktionalen Qualifikationen zu vermitteln, d.h. die Einheit von Bildungs − und Sozialisationsprozeß zu konstituieren.

Bei der Legitimationsfunktion gilt es zwei Aspekte zu unterscheiden, die interne und externe Legitimation. Um ihre spezifische Organisationsstruktur und Arbeitsweise zu rechtfertigen, können die Hochschulen auf einen fast unerschöpflichen Fundus an Traditionen aus ihrer eigenen Geschichte zurückgreifen (interne Legitimation). Von größerer Bedeutung ist jedoch die Hochschule als Legitimationsquelle bestehender gesellschaftlicher Verhältnisse (externe Legitimation). Diese nahezu ausschließlich auf Legitimation durch Verfahren basierende Rechtfertigungsstrategie ist solange erfolgreich, wie die Vorherrschaft der Wissenschaft als Deutungssystem gegenüber anderen konkurrierenden Erklärungsmustern aufrecht erhalten werden kann.

Die Funktion des Tradierens erstreckt sich nicht nur auf die Inhalte des Wissens, sondern auch auf deren Entstehungs − und Begründungszusammenhänge. Tradition schafft historische Kontinuität im Prozeß der Wahrheitssuche. In der paradigmatischen Struktur einer Wissenschaftsdisziplin wird eine wissenschaftliche Sichtweise an nachfolgende Wissenschaftlergenerationen überliefert. Das Festhalten an bestehenden Organisations − und Denkstrukturen verschafft methodologische und soziale Sicherheit im Erkenntnisprozeß, kann aber auch zur Erstarrung führen, indem an überkommenen Strukturen auch dann noch festgehalten wird, wenn diese sich als dysfunktional erweisen.

Die Innovationsfunktion der Hochschule stellt einen Gegenpart zur Tradition dar. Die wissenschaftliche Innovation ist zum einen auf die Fortentwicklung des bestehenden Wissenskanons und zum anderen auf die Prozesse der Diffusion, Popularisierung und Anwendung von Erkenntnissen gerichtet. Träger des Innovationsprozesses ist im ersten Fall primär die scientific community, doch es ist ein Trend feststellbar, der darauf hindeutet, daß die Theorieentwicklung zunehmend unter den Einfluß externer Faktoren gerät. Innovation in ihrer zweiten Variante, der Umsetzung und Anwendung wissenschaftlichen Wissens in gesellschaftlichen Praxisbereichen verlangt auf seiten der Hochschule vornehmlich die Bereitschaft, sich ihrer gesellschaftlichen Verantwortung bewußt zu werden. Hier liegt das eigentliche Problem, mit dem es wissenschaftliche Weiterbildung zu tun hat. Daß interne und externe Innovationsprozesse nicht unabhängig voneinander erörtert werden können, macht die Diskussion um die Finalisierung der Wissenschaft sowie der damit verbundene Anspruch deutlich, wissenschaftliche Innovation verstärkt in den Dienst wirtschaftlicher Zielsetzungen zu stellen.

Die Fragen der wissenschaftlichen Weiterbildung hängen, wie bereits angedeutet, aufs engste mit der Innovationsfunktion der Hochschule zusammen. Die Geschichte der universitären Erwachsenenbildung ist deshalb eine Geschichte der wiederholten Versuche, bei den Hochschulen Einsicht in die Notwendigkeit zu wecken, durch die Übernahme von Weiterbildungsaufgaben einen Beitrag zur hochschulinternen und −externen Innovation zu leisten. Die dabei zu überwindenden Schwierigkeiten zeugen von der Beharrlichkeit, mit welcher Ansätze zur Schaffung der entsprechenden organisatorischen und inhaltlichen Voraussetzungen auf diesem Gebiet unterlaufen bzw. behindert werden. Um die Realisierungschancen wissenschaftlicher Weiterbildung ausloten zu können, ist es wichtig, konkurrierende gesellschaftliche Funktionsziele einschließlich ihrer strukturellen Ursachen, zu analysieren. Das interdependente Geflecht von Qualifikations−, Legitimations−, Traditions− und Innovationsfunktion tritt anhand des Themenkomplexes universitäre Erwachsenenbildung idealtypisch zutage. Die Fragen der Zugangsvoraussetzungen, Abschlußregelungen sowie der curricularen Gestaltung des Lehr− und Lernprozesses universitärer Erwachsenenbildung lassen sich nicht lediglich auf den Innovationsaspekt reduzieren, denn gleichzeitig ist auch die Qualifikations−, Legitimations− und Traditionsproblematik mit angesprochen.

Meine Aufgabe wird es im folgenden sein, nachzuzeichnen wie die Hochschulen ihren *Innovationsauftrag "universitäre Erwachsenenbildung"* unter den jeweiligen historischen Gegebenheiten begründen und realisieren. Gegenstand der Analyse ist primär die Entwicklung in Deutschland. Auf ausländische Erfahrungen wird nur insoweit zurückgegriffen, wie es für das Verständnis der hiesigen Entwicklung erforderlich ist; diesem Prinzip folgend beschäftige ich mich im Kontext der Entstehungsgeschichte der Universitätsausdehnung insbesondere mit den britischen Anfängen dieser Bewegung am Ende des 19. Jahrhunderts.

1. Die Universitätsausdehnungsbewegung am Ende des 19. Jahrhunderts

1.1 Volksbildung als populäre Wissenschaft

Vorläufer der Universitätsausdehnungsbewegung

Vorläufer der Universitätsausdehnung, wie sie sich in England in der zweiten Hälfte des 19. Jahrhunderts vollzog und von dort über Österreich nach Deutschland ausbreitete, sind hierzulande bereits am Anfang des letzten Jahrhunderts bei den Universitätsreformern zu finden. Humboldt, Schleiermacher, Schelling und Fichte traten dafür ein, Wissenschaft und Volk einander näherzubringen. Die politischen und sozialen Umwälzungen, die sich im Verfall der Strukturen des bis dato gültigen feudalen Ordnungsgefüges manifestierten, konnten nicht ohne Auswirkungen auf die Universitäten bleiben. Als idealer Ersatz für revolutionäre Entwicklungen fand das Gedankengut der Aufklärung in der Idee des Kulturstaates seinen idealistischen Ausdruck. Staat und Wissenschaft galten als unterschiedliche Erscheinungsformen eines einheitlichen Vernunftprinzips, dem sie gemeinsam verpflichtet sein sollten. Diese enge Verknüpfung von Wissenschaft und Staat ließ es erforderlich erscheinen, die Hochschule von staatlichem Reglement zu entbinden und ihr jene Freiheit von gesellschaftlichen Funktionszuschreibungen zu verschaffen, die sie brauchte, um dem Geist der Aufklärung dienen zu können. Vor diesem Hintergrund entfaltete Wilhelm von Humboldt seine Forderung einer "Bildung durch Wissenschaft" in "Einsamkeit und Freiheit", die er in konkrete Universitätspläne umsetzte, was schließlich zur Neugründung der Universität Berlin im Jahre 1810 führte. Nach Humboldt sollten die Universitäten nicht länger berufsausbildende Anstalten für gehobene Berufspositionen, sondern vielmehr Zentren der wissenschaftlich kontemplativen Besinnung sein. Das Ziel war die Erziehung zu selbständigem Urteilen und Handeln. Um diesem Anspruch gerecht zu werden, galt es die Einheit von Forschung und Lehre als soziale Kommunikationsform in der Hochschule zu etablieren.

Zwar waren die Universitäten in der Vormärz – Zeit ein Kristallisationspunkt progressiver Ideen, doch ihre soziale Selektivität bestand fort. Die Zahl der Studenten stagnierte und stieg erst in den letzten drei Jahrzehnten des 19. Jahrhunderts stärker an. Die Hochschulen dienten vornehmlich der Reproduzierung des Bildungsbürgertums und wurden nur von einer kleinen Gruppe zum sozialen Aufstieg genutzt. Angesichts dieser Bedingungen blieb die Chance eines Studiums einer kleinen Minderheit vorbehalten. Sollte der Anspruch der Universitätsreformer jedoch eingelöst werden, die Universität zu einem geistigen Mittelpunkt für das ganze Volk zu machen, so war es nur konsequent, daß Schleiermacher forderte, den Zugang zur Universität nicht ausschließlich an formale Kriterien zu binden (vgl. Schleiermacher 1984, S. 102f.). Daß damit aber keine generelle Öffnung der Hochschule intendiert war, verdeutlicht seine Überzeugung, derzufolge die Anzahl jener, die dazu befähigt sind "in das Innerste der Wissenschaft einzudringen" (ebd., S. 127), begrenzt ist. Diese Erkenntnis sollte kein Hindernis sein, die Beziehungen zwischen der Wissenschaft und der interessierten Bevölkerung zu intensivieren. Joh. Gottlieb Fichte, der im Winter 1807/08 seine Vorlesungen über Nationalerziehung in der Akademie zu Berlin vor Angehörigen aller Stände hielt, betonte: "Ich rede für Deutsche schlechtweg, von Deutschen schlechtweg, nicht anerkennend, sondern durchaus beiseite setzend und wegwerfend alle die trennenden Unterscheidungen, welche unselige Ereignisse seit Jahrhunderten in der einen Nation gemacht haben" (Fichte 1916, S. 13). Dem Beispiel Fichtes folgend, wandten sich in der Folgezeit Hochschulprofessoren mit populär – wissenschaftlichen Vorträgen an ein größeres Publikum, so beispielsweise B. Bolzano, W. Schlegel und Alexander von Humboldt, der in den Jahren 1827/28 einen Zyklus von 61 Vorlesungen über physikalische Geographie hielt. Der Impetus, allgemein verständliche Vorträge für die interessierte Öffentlichkeit anzubieten, speiste sich vornehmlich aus humanitären, nationalen und aufklärerischen Quellen. Mit dieser Volksbildungstätigkeit wurde – um es in der Sprache der damaligen Zeit auszudrükken – das Ziel verfolgt, den geistigen Besitz der Wissenden mit den anderen zu teilen und so zur Versittlichung des Volkes beizutragen. Die Verbreitung wissenschaftlicher Erkenntnisse blieb keine Angelegenheit von Einzelpersönlichkeiten. In der Folgezeit wurden wissenschaftliche Vereinigungen gegründet, die sich dieser Aufgabe annahmen; so z.B. der 1841 von Friedrich von Raumer, Professor der Staatswissenschaften und Geschichte, ins Leben gerufene "Wissenschaftliche Verein" zu Berlin, der 1860 in Wien instituierte "Verein zur Verbreitung naturwissenschaftlicher Kenntnisse" sowie der "Deutsche Verein zur Verbreitung gemeinnütziger Kenntnisse", der sich 1869 in Prag konstituierte.

Resümierend läßt sich festhalten: Wir finden "schon zu Anfang und in der Mitte des 19. Jahrhunderts verschiedentlich in Deutschland und in Deutsch – Österreich Professoren und Professorenvereinigungen, die im Sinne der späteren Universitätsausdehnung wirkten. – Das Publikum in allen diesen Veranstaltungen gehörte meist dem gebildeten Mittelstande an. Die Arbeiterschaft war nur schwach oder überhaupt nicht vertreten" (Keilhacker 1929, S. 7).

Bei den Vorläufern der Universitätsausdehnung sind bereits jene Probleme im Keim angelegt, die erst am Ende des 19. Jahrhunderts deutlich in Erscheinung treten. Die Vorstellung liberal – bürgerlicher Kreise, von denen in aufklärerischer und humanitärer Absicht die Initiative zu dieser Form von Volksbildung als populärer Wissenschaft ausgeht, durch die Vermittlung wissenschaftlicher Kenntnisse zur Aufhebung gesellschaftlicher Gegensätze beizutragen, erwies sich als illusorisch. Ein Verhalten, das den klassenlosen Charakter der Bildung zwar verbal betont, faktisch aber vom Vorhandensein sozialer Unterschiede ausgeht und diese zu überwinden trachtet, ist widersprüchlich; es unterliegt zudem einer fatalen Fehleinschätzung der gesellschaftlichen Realitäten, wenn unterstellt wird, einen sozialen Ausgleich ohne Veränderungen der die Ungleichheit verursachenden materiellen Gegebenheiten herstellen zu können. Auch zeichnen sich bereits Mitte des Jahrhunderts im Zuge der Restaurationsepoche und insbesondere nach der fehlgeschlagenen Revolution von 1848 die inneruniversitären Widerstände gegen die Vortragstätigkeit ab. In dem Maße, wie der preußische Staat das hohe Ideal des Kulturstaates nicht einzulösen vermochte, wurde auch der neuen Universitätskonzeption die soziale Basis entzogen. Die Hochschulen entwickelten sich zurück zu konservativen reformfeindlichen Anstalten, die sich mit dem Obrigkeitsstaat arrangierten. Unter diesen Bedingungen waren die Auspizien für volksbildnerische Arbeit denkbar ungünstig; so ist es auch zu erklären, daß neue Impulse erst nach der Reichsgründung 1871 einsetzten.

Die englische University – Extension

Im folgenden will ich mich mit den Ursprüngen der englischen University – Extension beschäftigen, die für die spätere Ausdehnungsbewegung in Deutschland und Österreich wichtige Anregungen lieferte. Um die Mitte des 19. Jahrhunderts existierten in England neben den beiden ebenso traditionsreichen wie reformbedürftigen Universitäten Oxford und Cambridge lediglich zwei weitere Colleges mit geringerer Reputation. Die University – Extension ging aus hochschulinternen und – externen Reformbestrebungen hervor und zielte zunächst auf die Expansion des regulären Lehrbetriebes in unterversorgten Regionen sowie die Ausdehnung der Universitäten auf weitere Wissenschaften ab. Die University – Extension wurde von liberalen, humanitär gesinnten Hochschulkreisen getragen, die sich den neuen sozialen und politischen Gegebenheiten in der Erwartung stellten, auf diese Weise die Unabhängigkeit der Hochschule vor Eingriffen des Staates zu schützen. Es waren vornehmlich die weibliche Emanzipationsbewegung und später dann auch die Arbeiterbewegung, welche die Bedeutung der Bildung für die Erreichung ihrer gesellschaftlichen Zielsetzungen erkannten und sich für eine gerechte Verteilung der geistigen Güter einsetzten. Die Interdependenz von Gedankengut der Aufklärung und einer fortschreitenden Industrialisierung verlieh diesen demokratischen Bewegungen ihre gesellschaftspolitische Relevanz und zwang die Universitäten, sich gegenüber den an sie herangetragenen Ansprüchen zu öffnen.

Wenngleich die University – Extension im letzten Drittel des 19. Jahrhunderts von den Hochschulen mit Nachdruck betrieben wurde, so mußte sich diese Bewegung auch gegen anfängliche Widerstände durchsetzen. Von den damaligen Schwierigkeiten zeugt das Antwortschreiben des Vizekanzlers der Universität Oxford auf eine 1850 von W. Sewell, einem Senior Tutor im Exeter College zu Oxford, eingereichte Bittschrift mit dem Titel "Vorschläge für die Universitätsausdehnung". Der Vizekanzler weist den Vorschlag ab mit den Worten: "Erforderlich ist es, die besten Universitäten für die gebildeten Schichten der Nation in den Städten einzurichten und nicht denjenigen Trost zu spenden, die von der Bildung ausgeschlossen sind" (zit. nach Jones 1978, S. 115). Der Vorschlag von W. Sewell zielte darauf ab, universitäre Außenstellen ganz in der Bildungstradition von Oxford und Cambridge zu gründen. Mit diesen lokalen Universitätsfilialen sollte ein Beitrag zur bildungsmäßigen "Kolonialisierung" unterversorgter Ballungszentren geleistet werden. Es ging, um es in der heutigen Sprache auszudrücken, um die Beseitigung regionaler Disparitäten, sozusagen um eine flächendeckende Versorgung mit Hochschulangeboten und noch nicht so sehr darum, einer größeren Anzahl von Menschen aus unterprivilegierten Schichten den Zugang zu höherer Bildung zu ermöglichen. Diese zuletzt angesprochene Auffassung vertrat insbesondere Lord Arthur Charles Hervey, der als erster vorgeschlagen hatte, ein System der University – Extension aufzubauen. In seiner 1855 unter dem Titel "A Suggestion for supplying the Literary, Scientific and Mechanics Institutes of Great Britain and Ireland with Lectures from the Universities" erschienenen Schrift, setzte sich der spätere Bischof von Bath und Wells für eine Zusammenarbeit der Universitäten mit den traditionellen Erwachsenenbildungseinrichtungen ein. Hervey ging es primär um die Popularisierung und Verbreitung universitärer Bildungsgüter; die Erwachsenenbildung sollte zu einer genuinen Aufgabe der Universität werden. Im Unterschied zu Sewell erkannte Hervey die moralische Verpflichtung der Universität gegenüber unterprivilegierten Bevölkerungsschichten und den sich dort artikulierenden bildungspolitischen Forderungen (vgl. hierzu Künzel 1974, S. 58ff.).

Es war James Stuart, ein junger Assistent aus Cambridge, der durch seine volksbildnerischen Aktivitäten angeregt, den entscheidenden Impuls für eine institutionell von der Hochschule getragene Ausdehnungsbewegung gab. Stuart hatte seit 1867 auf Einladung des "North of England Council for promoting the Higher Education of Woman" volkstümliche Vorlesungsreisen unternommen. Ermuntert durch die starke Nachfrage und die positiven Reaktionen, die diese Aktivitäten fanden, stellte Stuart im Jahre 1873 an den Senat der Universität Cambridge den Antrag, zunächst auf experimenteller Basis mit volkstümlichen Vorlesungen und Kursen für die Allgemeinheit zu beginnen. Der Senat stimmte dem Antrag zu und richtete ein "Syndicate for Local Lectures" ein, das nach zweijähriger Erprobungszeit in eine feste Institution umgewandelt wurde. Die ersten Kurse unter offizieller Beteiligung der Hochschule fanden in Nottingham, Derby und Leicester statt. Mit dem "Syndikat für örtliche Vorlesungen" war die erste extramurale Abteilung gegründet. Vergleichbare Einrichtungen entstanden in London (1876) und Oxford (1878).

Entgegen den Erwartungen der Initiatoren gelang es jedoch nicht, mit dem neuen Angebot die Arbeiterklasse zu erreichen; statt dessen setzte sich der Teilnehmerkreis vornehmlich aus Frauen der Mittelschicht zusammen. Die Kurse und öffentlichen Veranstaltungen wurden zumeist von jungen, mittellosen Akademikern durchgeführt. Beide Tendenzen zusammengenommen machten die extramurale Bewegung zum Gegenstand von Satire, indem sie als Aktivität bezeichnet wurde, die "von jungen Männern zum Wohle junger Damen betrieben wird" (zit. nach Jones 1978, S. 117).

Ernster zu nehmen waren jene politisch motivierten Vorwürfe, die der University —
Extension "puren Dilettantismus" vorwarfen bzw. sie dadurch zur Bedeutungslosigkeit
abstempelten, daß sie das pädagogische Sendungsbewußtsein einer aufgeklärten Do-
zentenschaft als "harmloses Hobby des demokratischen Fachmannes" (ebd.) abtaten.
Auch fehlte es nicht an Versuchen, die University — Extension als Instrument des
konservativen Bürgertums für eine systemkonforme Bildungsarbeit zu instrumentalisieren. Unter diesen Gegebenheiten war die zunehmende Distanzierung der Arbeiterschaft von den Kursen der Universitätsausdehnung eine zwangsläufige Folge; sie war
neben finanziellen und pädagogischen Umständen vornehmlich "das Zeichen einer
generellen Entfremdung zwischen einer bürgerlich — kapitalistischen Gesellschaftsord-
nung und einer sich solidarisierenden Arbeiterbewegung" (Künzel 1974, S. 179).

Die Arbeit der University — Extension war bis zum Ende des Jahrhunderts stark
geprägt durch ihren kompensatorischen Charakter. Mit der Gründung der Workers
Educational Association (WEA) im Jahre 1903 und deren Einfluß auf die Ausdehnungsbewegung änderte sich dies. Voraussetzung für die enge Kooperation zwischen
WEA und Universitäten war, daß das bürgerliche Bildungsideal von der Arbeiterschaft nicht prinzipiell abgelehnt wurde, sondern ihr — unter gewissen Modifikationen — für die Erreichung eigener Zielsetzungen durchaus förderlich erschien. So läßt
sich zumindest für diese Phase der Entwicklung sagen, daß es zu einem partiellen
Nebeneinander von bürgerlichen Bildungsvorstellungen sowie politischen und sozialen
Autonomiebestrebungen der Arbeiterklasse kommen konnte (vgl. Künzel 1974, S.
199). Die Kooperationsbeziehung sicherte der WEA darüber hinaus ein entscheiden-
des Mitspracherecht zu, das diese aufgrund ihrer straff gegliederten Organisationsstruktur auch effektiv zu nutzen wußte.

Auf pädagogischem Gebiet führte die Zusammenarbeit zwischen WEA und Hochschulen zu einer neuen Organisationsform, den dreijährigen Tutorial Classes, die als
kleine nicht mehr als 30 Personen umfassende Studienzirkel wesentlich zur Intensivierung der Bildungsarbeit beitrugen. Mit der Realisierung dieser Intensivform universitärer Bildungsarbeit verband sich zugleich der Anspruch, zur hochschulinternen
Demokratisierung beizutragen, indem man sich bewußt gegen ein autokrativ geprägtes
Vortragswesen und für eine egalitäre Kommunikations — und Arbeitsform entschied.
Die Tutorial — Class — Movement trat neben die bisherigen Formen der University —
Extension und trug damit zu einer Differenzierung dieser Bewegung in eine eher
extensive und eine mehr intensive Variante der Bildungsarbeit bei.

Die Kooperationsbeziehung zwischen WEA und Universität litt ab etwa 1920 durch
die Schaffung der Extramural — Departments, einer in das universitätsinterne Verwal-
tungs — und Kontrollgefüge integrierten Koordinierungsstelle für sämtliche extramurale Aktivitäten. An die Stelle einer bislang freiwilligen Beteiligung der Hochschule an
der Volksbildung trat nun die Verpflichtung. Die Extramural — Departments wurden
als gleichberechtigte Organisationseinheiten voll in die Universität integriert, mit
hauptberuflichem Personal für die Planungs — , Entwicklungs — und Unterrichtsarbeit

15

ausgestattet und erhielten eine akademische Leitung. Zwar drückte sich hierin eine Anerkennung und Aufwertung der bisher geleisteten extramuralen Bildungsarbeit aus, doch bedeutete dies auch eine Schwächung der WEA, die sich in ihrem bisherigen Einfluß geschmälert sah und darüber hinaus fürchtete, assimiliert zu werden und somit ihren originären Anspruch aufgeben zu müssen. Daß diese Befürchtungen zum Teil nicht unbegründet waren, zeigte sich in den folgenden Jahren. Im Zuge einer verstärkten staatlichen Aktivität auf dem Gebiet der Erwachsenenbildung zeichnete sich schon bald eine Renaissance der Vorlesungsarbeit ab, welche die seminaristische Arbeitsform der Tutorial Classes in den Hintergrund drängte. Die enge Zusammenarbeit zwischen WEA und Universitäten hatte jedoch bis 1945 Bestand.

Wie die Skizzierung der englischen Universitätsausdehnungsbewegung zeigt, vollzieht sich in dem hier analysierten Zeitraum eine Verschiebung im semantischen Gehalt des Begriffs der University – Extension. Zunächst als Synonym für die Expansion des regulären Lehrbetriebs sowohl in regionaler als auch personenbezogener Hinsicht gebraucht, tritt die Bezeichnung University – Extension später an die Stelle dessen, was mit "Local Lectures" bezeichnet wurde, um schließlich die extensive Variante extramuraler Tätigkeit der Hochschule im Gegensatz zu den Tutorial Classes als ihrer intensiven Variante zu kennzeichnen.

Zur Situation der andragogischen Volksbildung

Die gesellschaftlichen und politischen Ereignisse in Deutschland am Ende der 60er und zu Beginn der 70er Jahre des letzten Jahrhunderts bedingten und prägten entscheidend das Interesse und die Notwendigkeit an einer verstärkten Volksbildung. Die Einführung des allgemeinen Wahlrechts (1866), die Gründung der Sozialdemokratischen Arbeiterpartei (1869) sowie die Reichsgründung (1871) markierten gesellschaftliche Umstrukturierungen, die die Voraussetzungen für verstärkte volksbildnerische Bestrebungen schufen. Der politische und wirtschaftliche Aufstieg nach dem Sieg von 1870/71 schien nur dann auf Dauer gesichert werden zu können – so die damalige Überzeugung –, wenn gleichzeitig auch für eine umfassende geistige Bildung des Volkes gesorgt würde. Rückblickend auf diese Phase stellt Reyer im "Handbuch des Volksbildungswesens" (1896, S. 66) fest: "Niemals ist ein kräftigerer Ruf zur Belebung und Befreiung der geistigen und sittlichen Kräfte des Volkes durch das deutsche Land gegangen als in diesen Jahren. Der Glaube an die beglückende Wirkung und die befreiende Macht der Bildung erwachte mit einer nie gekannten Stärke." Wenn in dieser Zeit von Volksbildung gesprochen wird, so ist dies nicht ausschließlich in andragogischem Sinne gemeint, vielmehr wird Volksbildung noch als Einheit des gesamten Bildungswesens gedacht, das die Bereiche der Schul –, Jugend – und Erwachsenenbildung umfaßt. Während der Staat durch die Verabschiedung einer größeren Anzahl von Schulgesetzen direkt in das Volksbildungswesen gestaltend eingriff, entstanden im Bereich der andragogischen Volksbildung eine Vielzahl von Aktivitäten, die im wesentlichen durch die Initiative privater Organisationen getragen wurden. In diesem Zusammenhang sind besonders die "Gesellschaft für Verbreitung von Volksbildung" sowie die "Humboldt−Akademien" zu erwähnen.

Die 1871 gegründete "Gesellschaft für Verbreitung von Volksbildung" verstand sich als Dachorganisation der bürgerlich−liberalen Bildungsvereine. Gemäß Satz 1 ihres Statuts verfolgte die Gesellschaft den Zweck,

"der städtischen und ländlichen Bevölkerung, welcher durch die staatlichen Volksschulen im Kindesalter nur die Elemente der Bildung zugänglich gemacht werden, dauernd Bildungsstoff und Bildungsmittel zuzuführen, um sie in höherem Grade zu befähigen, ihre Aufgaben im Staate, in Gemeinde und Gesellschaft zu verstehen und zu bewältigen."

Im Vordergrund der volksbildnerischen Aktivitäten standen neben der Vortragstätigkeit die Pflege der Volksbibliotheken sowie die Kultivierung des geselligen Vergnügens (Volksunterhaltungsabende). Die "Gesellschaft für Verbreitung von Volksbildung" zielte mit ihrer Arbeit eindeutig gegen den Einfluß der Sozialdemokratie; in dem Aufruf zur Gründung der Gesellschaft heißt es:

"An alle Freunde deutscher Bildung und Gesittung, ja, an alle Diejenigen, welche die Gemeinsamkeit der geistigen Interessen anerkennen und einseitig materiellen und sozialistischen Richtungen die gemeinsamen Kulturschätze und die solidarische Kulturarbeit unseres Volkes entgegenstellen wollen" (Aufforderung zur Gründung einer "Gesellschaft für Verbreitung von Volksbildung" 1871, S. 81).

Volksbildung wurde hier "aus dem Geist und der Opportunität des Kleinbürgertums" (Dräger 1975, S. 83) als ein Mittel zur Pazifizierung und Integration der Arbeiterschaft in das Gesellschaftssystem verstanden. Ein beredtes Zeugnis von der Emphase, mit der das Instrument Bildung von bürgerlichen Kreisen zur vermeintlichen Lösung der sozialen Frage (Arbeiterfrage) eingesetzt wurde, liefert uns Post (1879, S. 2):

"Der Blindgeborene weiß nicht was Licht ist. − Gerade aus dieser Erkenntnis heraus dürfte daher das Bemühen jenen Kreisen (Proletariat, E.S.) Sinn und Empfänglichkeit für diese edelsten und höchsten Lebensgüter *anzubilden*, die größte Bedeutung im Kampfe gegen den Socialismus beanspruchen und der Aufbietung der allerbesten Kraft wohl werth sein" (Hervorhebung im Original).

Aus heutiger Sicht könnte man geneigt sein, diese Versuche, eine "unwissende Masse" gegen die Verführungen der organisierten Arbeiterschaft zu immunisieren und zugleich zu einer Milderung der sozialen Gegensätze beizutragen, als idealistisch und reaktionär zu charakterisieren; jedoch gilt es dabei nicht aus den Augen zu verlieren, daß selbst diese Position sich zu ihrer Zeit gegen die Widerstände konservativer, insbesondere kirchlicher Kreise behaupten mußte.

Mit der Gründung von Humboldt−Akademien sollte an die systematischen Vortragszyklen Alexander von Humboldts angeknüpft werden. Die Initiative zur Schaffung dieser Volksbildungseinrichtungen ging von Max Hirsch aus, dem Sozialpolitiker und Mitbegründer der Hirsch−Dunkerschen Gewerkvereine. Im Jahre 1878 hatte Hirsch eine Denkschrift unter dem Titel "Plan zur Gründung einer Anstalt für populär−wissenschaftliche Vortragscyklen" verfaßt. Noch im selben Jahr wurde die Humboldt−Akademie vom "Wissenschaftlichen Centralverein" ins Leben gerufen und

im Januar 1879 eröffnet. Hirsch sah die Humboldt–Akademie zwischen den Volks-
bildungsvereinen und den staatlichen Hochschulen angesiedelt. Ihre Aufgabe bestand
für ihn weder in der Bildung der "großen nur elementar vorgebildeten Klassen" noch
in der eigentlichen akademischen Ausbildung, sondern vielmehr in der Fort– und
Weiterbildung "praktisch–ideal gesinnte(r), dem Gemeinwohl zugewandte(r) Bürger"
(Hirsch 1896). Damit war primär der Mittelstand, Absolventen mittlerer und höherer
Lehranstalten angesprochen, die gehobene Positionen in Wirtschaft und Verwaltung
einnahmen. Interessant an der Gründung der Humboldt–Akademie ist zweierlei.
Erstens wurde im Unterschied zu der Mehrzahl sonstiger vom Bürgertum ausgehen-
der Volksbildungsinitiativen ganz bewußt darauf verzichtet, die Arbeiterschaft mit
diesem Angebot erreichen zu wollen und zweitens deutet sich hier eine bis dahin
noch nicht gekannte interne Differenzierung des freien Volksbildungswesens nach
unterschiedlichen Adressatenkreisen an.

Versucht man die Volksbildung in der zweiten Hälfte des 19. Jahrhunderts zu charakterisieren, so läßt sich folgendes feststellen: Volksbildung wurde in erster Linie als
eine Antwort auf die soziale Frage verstanden, die sich zur Arbeiterfrage wandelte.
Die bürgerlich–liberale Bildungsarbeit bezog aus diesem Bedingungszusammenhang
ihre zentrale Legitimation. Man kann deshalb durchaus von Volksbildung als Sozial-
politik im Interesse der herrschenden Schichten sprechen. Zu Zeiten in denen andere
Politikinstrumente neben oder anstelle der Volksbildung zum Tragen kommen, so die
Sozialistengesetze unter Bismarck und später die patriarchalische Wohlfahrtspflege,
gerät die Volksbildung in Begründungsschwierigkeiten, wie dies Dräger (1975)
anhand der Entwicklungsgeschichte der "Gesellschaft für Verbreitung von Volksbildung" nachgewiesen hat. Für die wilhelminische Ära ist kennzeichnend, daß große
Teile der Volksbildung unter die allgemeine Wohlfahrtspflege als Surrogat für ord-
nungspolitische Maßnahmen subsumiert werden. Andragogische Volksbildung als
durchgängiges Prinzip der Wohlfahrtspflege ist im Bereich der geistigen Wohlfahrtspflege institutionell verankert, im Sektor der sozialen und physischen Wohlfahrtspflege wird sie zum unerläßlichen politischen Instrument (vgl. Dräger 1984, S.
28ff.). Der aufklärerischen Funktion von Bildung waren unter diesen Bedingungen
enge Grenzen gesetzt.

Zur Situation der Hochschulen

Ähnlich wie die Volksbildung ist im Kaiserreich auch das Hochschulwesen in das
wilhelminische Gesellschaftssystem integriert (vgl. hierzu Prahl 1978, S. 206ff.;
Klaus/Flaschendräger 1981, S. 118ff.). Die Interessenvertreter der Wirtschaft ver-
mochten die Universitäten in ihre auf Qualifikation und Forschung bezogenen Ver-
wertungsinteressen einzubinden. Für den Prozeß der Industrialisierung wurden technische und naturwissenschaftliche Fachkräfte in bisher nicht gekanntem Ausmaß benö-

tigt; dieser Umstand warf die Frage der Ausbildungskapazitäten, insbesondere das Verhältnis von Universitäten und Technischen Hochschulen neu auf. Im Bereich der Forschung wurde den veränderten Gegebenheiten durch die Errichtung ausgelagerter Forschungsinstitute, so z.b. die Gründung der "Kaiser – Wilhelm – Gesellschaft zur Förderung der Wissenschaft" entsprochen. Angesichts der skizzierten Bedingungen mußte der Widerspruch zwischen einer auf Selbstverwirklichung abzielenden Allgemeinbildung und einem auf berufspraktische Erfordernisse ausgerichteten Studium aufbrechen. Hier kündigt sich an, was später dann endgültig vollzogen wurde, nämlich der Rückfall der Hochschulen ins 18. Jahrhundert. Die Ironie der Geschichte besteht jedoch darin, daß die faktische Wiederbelebung der Universität als Stätte der Berufsausbildung unter dem Vorzeichen eines scheinbaren Festhaltens an den Prinzipien Humboldts stattfindet (vgl. Plessner 1962, S. 81).

Die Skizzierung sowohl des Volksbildungs – als auch des Hochschulwesens während der Kaiserzeit läßt erkennen, mit welchen Problemen es eine Universitätsausdehnung zu tun hatte, die sich vornehmlich aus aufklärerischen und humanitären Quellen begründete. Angesichts einer Situation, in der die bildungspolitische Entscheidungsfindung maßgeblich von den Ansprüchen des Staates und der Industrie bestimmt wurde, blieb nur wenig Raum für eine Bildungsarbeit, die nicht unmittelbar ihre Nützlichkeit nachweisen konnte.

Einer engeren Beziehung zwischen Wissenschaft und Volksbildung in Form der University – Extension standen in Deutschland während der zweiten Hälfte des 19. Jahrhunderts vornehmlich gesellschafts – und bildungspolitische Gründe im Wege. Es fehlte weder an den Informationen über die ausländischen Experimente noch an der Problemsicht. Hierfür spricht erstens, daß Berichte über die englische Bewegung schon relativ früh erschienen, so z.B. der Artikel von Böhmert im Jahr 1875 und daß zweitens engagierte Wissenschaftler die Bedeutung des Zusammenwirkens von Hochschule und Volksbildung schon früh erkannten. Beispielsweise kommt J.B. Meyer, Professor für Philosophie in Bonn, aufgrund seiner Analyse der Beziehungen von "Volksbildung und Wissenschaft in Deutschland während der letzten Jahrhunderte" (1869) zu dem Ergebnis, "daß einerseits die Wissenschaften gesunder und rascher auf dem günstigen Boden einer allgemeinen Volksbildung gedeihen, und daß andererseits ohne die wissenschaftliche Pflege dieser die gesamte Volkswohlfahrt leidet" (Meyer 1869, S. 49).

Für Meyer ist der Prozeß der Vermehrung des Wissens aufs engste verknüpft mit seiner Ausbreitung im Volke. Aufgrund dieser Entwicklungsdynamik bleiben nach Einschätzung des Autors letzlich alle Versuche, "das Maaß der Theilnahme an diesem Fortschritt für die einzelnen Volkskreise ängstlich zuschneiden zu wollen" (ebd.) vergeblich. Eine weitere Konsequenz, die Meyer aus dem konstatierten Zusammenhang von Wissenschaftsfortschritt und Diffusion der Erkenntnisse ableitet, besteht in der Forderung, daß die Wissenschaft sich selbst der Aufgabe der Verbreitung des Wissens annehmen solle und dies nicht "halbgeschulten Geistern" überlassen dürfe.

Mit Blick auf die Kritiker einer solchen Volksbildungstätigkeit urteilt Meyer: "Es ist das untrügliche Zeichen einer engen, von Vorurtheilen befangenen Seele, der das Herz fehlt für den geistigen Fortschritt der Menschheit und deren Auge deshalb blind ist für den Werth einer ernsten Betheiligung an dem Bemühen um Hebung der Volksbildung" (ebd., S. 51). Besondere Aufmerksamkeit verdient die Tatsache, daß Meyer sich gegen eine lediglich verbreitende Volksbildung wendet, die sich darauf beschränkt, "Kenntnisse und Fertigkeiten mitzutheilen"; statt dessen sieht er das Ziel darin, "Sinn und Verständnis zu öffnen für den Werth einer lebendigen Wissenserweiterung" (S. 52), die zum Selbst− und Weltverständnis beiträgt. Hier wird bereits der sich erst nahezu ein halbes Jahrhundert später vollziehende Übergang von der extensiven zur intensiven Volksbildungsarbeit formuliert. Nicht nur in diesem Punkt war Meyer seiner Zeit weit voraus. Die Tragweite der folgenden Aussage erschließt sich erst dann, wenn man sie sich vor dem Hintergrund der heutigen Diskussion um eine wechselseitige Befruchtung von Wissenschaft und Praxis im Kontext des weiterbildenden Studiums vor Augen führt: "Eine Wissenschaft also, die in unserer Zeit gegen die Volksbildung sich abschließt, unterbindet sich selbst die pulsierenden Adern ihres eigenen Lebens, und nur die Wissenschaft vermag die heilsame Saat auszustreuen, welche zum Segen der allgemeinen Volksbildung aufgehen soll" (ebd., S. 53). Daß die Zeit für eine systematische Aktivität der Hochschule auf dem Gebiet der andragogischen Volksbildung noch nicht reif war, wurde von Meyer deutlich erkannt: "Nur an dem rechten Eifer für die Gesamtaufgabe solcher Volksbelehrung fehlt es zur Zeit in diesen Kreisen, man leistet mit mehr oder weniger Bereitwilligkeit erbetene Einzeldienste, aber fühlt weniger lebhaft und klar die Pflicht und den Trieb zum zusammenhängenden Wirken in dem Sinne, wie es die großen Vorgänger des vorigen Jahrhunderts verstanden" (ebd., S. 56). Diese sehr zutreffende Situationsbeschreibung des Verhältnisses von Wissenschaft und Volksbildung in Deutschland schließt mit dem Hinweis auf die Vorsprünge des Auslandes in dieser Frage. Eine Bemerkung, die bezüglich der Ausdehnungsbewegung ihre Richtigkeit unter Beweis stellen sollte.

Die deutsch−österreichische Universitätsausdehnungsbewegung

Die politischen und sozialen Verhältnisse in Deutschland verhinderten es zunächst, daß sich die englische University−Extension, die mittlerweile zu einer internationalen Bewegung sowohl im europäischen als auch im überseeischen Raum angewachsen war, durchsetzen konnte. Aber auch später wurde die deutsche Universitätsausdehnung niemals eine offizielle, von den Hochschulen getragene; sie blieb der privaten Initiative von Professorenorganisationen und sonstigen Bildungsvereinen überantwortet.

Die ersten Ansätze der Universitätsausdehnung im deutschen Sprachgebiet gingen von Österreich aus. Auf Anregung von Ludo M. Hartmann, einem Wiener Universitätsdozenten, wurden seit dem Winter 1890/91 vom Wiener Volksbildungsverein neben den traditionellen Einzelvorträgen auch Vortragszyklen nach dem Vorbild der University – Extension abgehalten. Da jedoch diesen Aktivitäten durch die organisatorischen und finanziellen Möglichkeiten des Vereins enge Grenzen gesetzt waren, wandten sich 1893 – wiederum auf Initiative Hartmanns – 53 Dozenten sämtlicher Fakultäten der Wiener Universität an den Senat mit einer Eingabe, in der sie darum baten:

"1. Eine Kommission niederzusetzen zum Zwecke der Ausarbeitung eines Statuts über die Organisation volkstümlicher Lehrkurse durch die Universität mit besonderer Rücksicht auf die Heranziehung von Privatdozenten und Assistenten als Lehrkräfte.

2. Beim hohen Ministerium für Kultus und Unterricht um eine jährliche Subvention von etwa 6000 fl. zum Zwecke der Ausführung der vorgeschlagenen Organisation einzukommen" (zit. nach Keilhacker 1929, S. 30f.).

Dem Antrag wurde stattgegeben und der Auftrag zur Ausarbeitung eines Statuts über die "Organisation volkstümlicher Lehrkurse durch die Universität" vergeben. Der § 1 dieses im Jahre 1895 vom Unterrichtsministerium genehmigten Statuts lautete:

"Die Wiener Universität übernimmt die Aufgabe, durch Einrichtung von volkstümlichen Universitätsvorträgen, welche außerhalb des Universitätsgebäudes abgehalten werden, die Förderung der wissenschaftlichen Ausbildung jener Volkskreise, welchen bisher die akademische Bildung unzugänglich war ..."

Die Leitung der volkstümlichen Universitätskurse, für deren Durchführung staatliche Finanzmittel zur Verfügung standen, wurde dem "Ausschuß für volkstümliche Universitätsvorträge der k.u.k. Universität Wien", einem rein universitären Organ, in dem Vertreter sämtlicher Fakultäten saßen, überantwortet. Erste Vortragskurse fanden ab dem Winter 1895/96 statt.[1] Die 1897 geschaffene Stelle eines Sekretärs des Ausschusses wurde Ludo M. Hartmann übertragen.

Forscht man nach den Ursachen für das bereitwillige Aufgreifen der Universitätsausdehnung in Österreich, so gilt es zu bedenken, daß hierfür keineswegs allein die von der Gesellschaft an die Hochschule herangetragenen Ansprüche nach einer Intensivierung und Modifikation bisheriger Volksbildungsarbeit ausschlaggebend waren, vielmehr hatten die Hochschulen selbst ein Interesse daran, zu einer Verbesserung der wirtschaftlichen Notlage einer großen Anzahl von Privatdozenten beizutragen; die Universitätsausdehnung war insofern eine willkommene Gelegenheit, an zusätzliche staatliche Mittel zu gelangen.

Angeregt durch die Erfolge der Bewegung in Österreich schlossen sich im Deutschen Reich an verschiedenen Orten Hochschullehrer zu "Volkshochschulvereinen" zusammen. In den Jahren 1896/97 wurden in Jena, Leipzig, München, Berlin, Kiel, Freiburg und Breslau entsprechende Vereinigungen für volkstümliche Hochschulkurse ins Leben gerufen (vgl. Seifert 1976). Trotz dieser Initiativen darf nicht verkannt werden, daß die Hochschulen als Institutionen nicht hinter der Ausdehnungsbewegung standen. Die Arbeit wurde vom persönlichen Engagement einzelner Hochschullehrer getragen. Zum Teil verzichtete man ganz bewußt auf eine institutionelle und finanzielle Absicherung, um so die Freiheit und Unabhängigkeit von staatlichen Eingriffen zu bewahren.[2] Auch mit Blick auf potentielle Adressaten der Kurse erschien es den Initiatoren von Vorteil, nicht als Repräsentanten eines Systems aufzutreten, dem die Arbeiterschaft äußerst kritisch gegenüberstand (vgl. Lotz 1905, S. 15). Dort, wo man sich dennoch für den Versuch einer institutionellen Einbettung in die Hochschulstruktur entschied, war dieser aufgrund inneruniversitärer Widerstände zum scheitern verurteilt.

Kennzeichnend für die Haltung der damaligen Hochschulen ist die Reaktion des Senats der Berliner Universität auf einen Antrag namhafter Gelehrter "Zur Einrichtung und Leitung volkstümlicher Hochschulkurse". Diese Eingabe, die u.a. von Delbrück, Dilthey, Harnack, Paulsen, Schmoller, Wagner und Waldeyer mitgetragen wurde, wies der akademische Senat 1897 unter Hinweis auf § 1 der Universitätssatzung ab, wonach die Universität lediglich dem Zweck zu dienen habe,

"die allgemeine und besondere wissenschaftliche Bildung gehörig vorbereiteter Jünglinge durch Vorlesungen und andere akademische Übungen fortzusetzen und sie zum Eintritt in die verschiedenen Zweige des höheren Staats— und Kirchendienstes tüchtig zu machen" (zit. nach Keilhacker 1929, S. 64).

Der Versuch, die volkstümlichen Hochschulkurse nach dem Wiener Beispiel zu institutionalisieren, scheiterte an der ablehnenden Haltung des überwiegenden Teils der Professorenschaft. Anders als in Österreich stellte sich den deutschen Universitäten nicht so dringend die Aufgabe nach Möglichkeiten einer materiellen Absicherung von Privatdozenten suchen zu müssen; damit entfiel auch jeglicher sekundärer Anreiz, sich für die Ausdehnungsbewegung einzusetzen.

Im Jahre 1899 konstituierte sich in Berlin als Dachverband der lokalen Vereinigungen der "Verband für volkstümliche Kurse von Hochschullehrern des Deutschen Reiches", sein Publikationsorgan war ab 1900 das "Zentralblatt für Volksbildungswesen". Anläßlich der Generalversammlung des Verbandes im Jahre 1903 kam man überein, eine regelmäßige Konferenz einzuberufen, die dem Erfahrungsaustausch sämtlicher deutscher und österreichischer in der Universitätsausdehnung tätigen Vereinigungen dienen sollte; diese "Volkshochschultage" wurden in der Zeit zwischen 1904 und 1912 im Rhythmus von zwei Jahren abgehalten.

Begründungsebenen und Legitimationsansätze der Universitätsausdehnungsbewegung

Wie sehr die Universitätsausdehnung vom Geiste der Aufklärung getragen wurde, offenbart sich in den Quellen aus der damaligen Zeit. In den entsprechenden Stellungnahmen findet sich immer wieder die übergeordnete Zielsetzung, durch die volkstümlichen Hochschulkurse zur Selbständigkeit des Denkens und Urteilens beizutragen (vgl. Bode 1890, S. 229; Böhmert 1894, S. 7; Rein 1900, S. 133; Hartmann 1903, S. 53; Brügel 1904, S. 486). Empirisch untermauert wird diese zentrale Begründung vielfach durch den "Bildungsdrang" der unteren und mittleren Schichten (vgl. Böhmert 1894, S. 6f.; Rein 1904, S. 935; Rein 1909, S. 710). Während hinsichtlich der philosophisch – anthropologischen Begründungsebene Konsens besteht, werden die Akzente auf der strategischen Legitimationsebene unterschiedlich gesetzt.[3] Neben ethisch – humanen, werden volkswirtschaftliche und sozialpolitische Argumente ins Feld geführt.

Die *ethisch – humanen* Legitimationen sind geprägt von der Erfahrung einer großen Kluft zwischen "Gebildeten" und "Ungebildeten". Erstere seien deshalb aus rein humanitären Gründen verpflichtet, "herabzusteigen" und zur "Emporhebung der unteren Volksschichten" beizutragen (vgl. Böhmert 1875, S. 193ff; Bode 1890, S. 225). Wenngleich in diesen Äußerungen ein stark elitäres Bewußtsein der "Gebildeten" zum Ausdruck kommt, so gilt es doch zu sehen, daß dem ethisch argumentierenden Ansatz sozialkritische, egalitäre Tendenzen inhärent sind. Diesen Zusammenhang macht insbesondere Brügel (1904, S. 481) deutlich:

"Es ist ein Gebot der Humanität und des Christentums zugleich, die geistigen Güter nicht unter Verschluß zu halten und nur in wohlabgewogenen Dosen abzugeben, sondern wie Licht und Luft, die der Schöpfer glücklicherweise nicht den Apotheken zur Verwahrung anvertraut hat, allen freizugeben. Es widerstrebt seinem innersten Wesen, daß das Bildungsgut grundsätzlich das Vorrecht einer ohnedies bevorzugten Klasse sein soll, während die übrigen mit Brocken abgespeist werden, die von der Herren Tische fallen."

Gesellschaftspolitisch steht bei der humanitären Position das Ziel der Chancengerechtigkeit im Vordergrund. Daß die Erfüllung dieses Postulats allerdings nicht – wie in jüngster Vergangenheit allzuoft geschehen – im Sinne einer Angleichung, sondern vielmehr als Herstellung einer individuell jeweils größtmöglichen Förderung der Talente zu verstehen ist, war damals durchaus geläufig. Rein, Professor für Pädagogik in Jena und zugleich ein Repräsentant der "Gesellschaft für Verbreitung von Volksbildung", bringt das klar zum Ausdruck: "Jeder im Volk ohne Ausnahme ist berufen, seine Anlagen nicht zu glicher, wohl aber zur größtmöglichen Entfaltung zu bringen" (Rein 1900, S. 132).

Der Wert einer Entfaltung des Potentials breiter Bevölkerungskreise durch Bildung blieb jedoch nicht auf ethisch – humane Antriebe beschränkt, sondern wurde auch in seiner *volkswirtschaftlichen* Bedeutung erkannt (vgl. Rein 1909, S. 717). Auf die Frage nach dem entscheidenden Faktor der internationalen Wettbewerbsfähigkeit der deutschen Wirtschaft antwortete der Sozialökonom Alfred Weber 1902: "Es sind unsere Menschen. Mögen die anderen Nationen ihre Zukunft auf ihre Erde, ihr Eisen, ihre Kohlen, ihr Petroleum und ähnliche Dinge begründen. Wir müssen sie in Kopf und Hand unserer Arbeiter suchen" (zit. nach Hartmann 1903, S. 52). Über achtzig Jahre später hat diese Argumentation nichts von ihrer Aktualität eingebüßt; die Formel lautet immer noch: Für ein an Rohstoffen armes Land ist Bildung die zentrale Produktiv – und Innovationskraft. Mit den bildungsökonomischen Fragestellungen einer Wechselbeziehung zwischen "Volksbildung und Volkswohlstand" hat sich Ernst Schultze bereits 1899 in seiner gleichnamigen Monographie auseinandergesetzt.

Einen dritten Argumentationsstrang stellt die *sozialpolitische* Legitimation dar. Die Universitätsausdehnungsbewegung läßt sich unter diesem Aspekt einer Volksbildung unterordnen, die sich — wie bereits ausgeführt — primär als Antwort auf die Arbeiterfrage definiert. Hiermit verband sich die Intention, die volkstümlichen Hochschulkurse als Instrument einer Integrationspolitik zu benutzen. Rein wirft jenen Kreisen, die sich gegen die volkstümlichen Hochschulkurse mit dem Argument zur Wehr setzen, durch diesen "Professorensozialismus" würde eine indirekte Hilfeleistung für die Sozialdemokratie erbracht, vor, daß die Wirkungen der Hochschulkurse gänzlich andere seien. In diesem Zusammenhang schreibt er:

"Das Wahre an der Sache ist, daß die Popularisierung der Wissenschaft ein wirksames Mittel ist, um zu einer Verständigung der verschiedenen Bevölkerungsklassen, zu einer Überbrückung der Kluft zwischen Gebildeten und Ungebildeten beizutragen. Sozial versöhnend sollen die Hochschulkurse wirken und damit der Sozialdemokratie den Boden entziehen. Je urteilsfähiger die Arbeiterschaft gemacht wird, um so eher wird sie sich von utopischen Lehren lösen" (Rein 1909, S. 711).

Um diesen Sachverhalt jedoch einsehen zu können, so Rein, sei die "Verblendung" in den "gebildeten und besitzenden Klassen" zu groß. Ebenso deutlich, wie Rein gegen die Sozialdemokratie Stellung bezieht, geißelt er auch das blinde Machtstreben der "Herrschenden" und bringt deren Einwände gegen die Volksbildungsbestrebungen äußerst prägnant auf die Formel: "In der geistigen Hebung wittern sie Gefahr für ihre herrschende Stellung" (ebd., S. 707). Reins Äußerungen sind von einer gewissen Ambivalenz geprägt, die typisch ist für die Universitätsausdehnungsbewegung insgesamt. Einerseits waren in ihr Tendenzen unverkennbar, durch die Bildungsarbeit im Sinne eines Ausgleichs sozialer Gegensätze wirksam zu werden, um der Gefahr einer sozialen Revolution vorzubeugen, andererseits unterstrich sie immer wieder ihren aufklärerischen Impetus und betonte zugleich nachdrücklich ihre Neutralität, indem sie politische und konfessionelle Inhalte ausgrenzte (vgl. Böhmert 1894, S. 15; Hartmann 1901, S. 18, Hartmann 1912, S. 165f.).

Unter diesen Bedingungen war es nicht verwunderlich, daß speziell die organisierte Arbeiterschaft einer Wissensverbreitung, wie sie in Form von Hochschulkursen praktiziert wurde, skeptisch gegenüberstand. So wandte sich z.B. der sozialdemokratische Politiker und spätere Staatssekretär im Reichsinnenministerium H. Schulz 1905 gegen die "Verabreichung von geistigen Suppenportionen und Einrichtung von geistigen Volksküchen und Speiseanstalten" (Schulz 1931, S. 87), da solche Maßnahmen seiner Meinung nach nur der Erweckung des Klassenbewußtseins im Wege standen.

Vergegenwärtigt man sich, daß Legitimationen immer auch strategische Funktionen erfüllen, nämlich Rechtfertigungen für eigenes Handeln zu liefern, so lassen sich die Widersprüche sowohl innerhalb als auch zwischen den einzelnen Legitimationsansätzen der Universitätsausdehnungsbewegung zwar nicht ursächlich durch die Widerstände erklären, gegen die sich die volkstümlichen Hochschulkurse behaupten mußten, jedoch kann das Wissen hierum zum Verständnis der Diskrepanzen in den Argumentationen beitragen.

Versuche, die Universitätsausdehnung zu diskreditieren, stützten sich wiederholt auf den Vorwurf, mit diesen Aktivitäten würde einer "flachen Halbbildung" Vorschub geleistet und somit zur Herabwürdigung der Wissenschaften beigetragen. Eine Entgegnung, die sich auf dies scheinbar inhaltliche Argument einließ und es mit dem Hinweis zu entkräften suchte, daß die Zeiten eines umfassenden enzyklopädischen Wissens endgültig vorbei seien und deshalb auch der Gebildetste und Gelehrteste nicht von sich behaupten könne "auf irgend welchen Gebieten mehr als Halbbildung zu besitzen" (May 1900, S. 361), blieb insofern stumpf, als sie die dahinterliegenden gesellschaftspolitischen Intentionen unberücksichtigt ließ. Diesen Zusammenhang macht Rein (1897, S. 52) recht drastisch deutlich, wenn er schreibt:

"Sie (Gegner der Hochschulkurse, E.S.) wünschen sich eine dumme Masse, die lenkbar ist; ihnen ist das Herdenvieh gerade recht. Hierin finden sich Kirchliche und Unkirchliche friedlich zusammen. Ihnen vor allem ist die Volkshochschul–Bewegung sehr unbequem und sie versuchen, sie mit Spott und Hohn lächerlich zu machen, indem sie das Popularisieren der Wissenschaften für gleichbedeutend erachten mit Verflachung und Seichtigkeit."

Unter den herrschenden gesellschaftlichen Verhältnissen konnte die Ausdehnungsbewegung nur dann Aussicht auf einen Teilerfolg haben, wenn es ihr gelang, die staatstragenden Schichten sowohl von der pazifizierenden Wirkung als auch dem volkswirtschaftlichen Nutzen der Hochschulkurse zu überzeugen. Ein wesentlicher Grund für das Scheitern der Universitätsausdehnung lag in einer Legitimationsstrategie die eben dies anstrebte. Damit machte sich die Ausdehnungsbewegung gerade bei den Bevölkerungsschichten suspekt, die sie zu erreichen suchte, nämlich der Arbeiterschaft.

1.2 Extensive Volksbildung durch Vortragskurse

Die epochemachende Neuerung der Universitätsausdehnungsbewegung bestand in der Einführung von Vortragskursen, die sechs bis zwölf Einzelvorträge umfaßten. Mit diesem Angebot von aufeinander bezogenen Vorlesungen, die es erlaubten, ein breiteres Wissensgebiet zu behandeln, wurde der Versuch unternommen, zu einer systematischeren Form der andragogischen Volksbildung überzugehen. An die Stelle des bis dahin die Arbeit der Bildungsvereine bestimmenden Einzelvortrags trat der Kurs als die zentrale Lehreinheit. Die Entscheidung für Vortragskurse erwuchs aus der Überzeugung, daß die bei den Volksbildungs–Vereinen so beliebten Einzelvorträge "zusammenhanglose, lückenhafte Kenntnisse und Anschauungen" mitteilen (Bode 1888, S. 51) und deshalb "mehr der Unterhaltung, als der Belehrung" dienen und folglich den "höheren Zwecken einer wirklich gediegenen Fortbildung nicht entsprechen" (Rein 1897, S. 52). Eine solide Vermittlung von Kenntnissen sah man lediglich in "gründlichen, anregenden und zusammenhängenden Kursen" (ebd.) gewährleistet, die in der Verantwortung der Hochschule durchgeführt wurden. Auf diese Weise hoffte man der Gefahr einer Verflachung der Volksbildung am ehesten vorzubeugen. Um dem Bedürfnis nach einer intensiveren Beschäftigung mit einem Thema Rechnung zu tragen, wurden in der Folgezeit auch mehrere Kurse zu Kursringen bzw. −zyklen zusammengefaßt.

Es scheint mir an dieser Stelle wichtig zu betonen, daß bereits in den 90er Jahren des vergangenen Jahrhunderts im Rahmen der volkstümlichen Hochschulkurse das Fundament für die nach dem Ersten Weltkrieg zum Durchbruch kommende 'neue Richtung' gelegt wurde. Insofern ist es auch nicht korrekt, die 'alte Richtung' mit der Universitätsausdehnungsbewegung gleichzusetzen; diese bildet vielmehr den Übergang von der 'alten' zur 'neuen' Richtung, ein Tatbestand, der leider oftmals übersehen wird (vgl. hierzu Vogel 1959, S. 111). Auch gilt es sich in diesem Zusammenhang in Erinnerung zu rufen, daß die führenden Kräfte der 'neuen Richtung', wie beispielsweise Robert von Erdberg als Leiter der Volksbildungs − Abteilung der "Zentralstelle für Arbeiterwohlfahrtseinrichtungen" in Berlin, selbst in der Universitätsausdehnungsbewegung mitgewirkt haben und aus ihr hervorgegangen sind. Mit diesen Hinweisen soll keinesfalls die von der 'neuen Richtung' gegenüber der Universitätsausdehnungsbewegung vorgebrachte Kritik in Frage gestellt werden, meine Absicht ist es vielmehr, vor der Gefahr zu warnen, kontinuierlich verlaufende Entwicklungsprozesse in der Volksbildung durch eine reifizierende Begriffswahl in diskontinuierlich erscheinende Brüche zu verwandeln. Nur wenn man diesen Sachverhalt reflektiert, läßt sich mit den Schlagwörtern 'alte' bzw. 'neue' Richtung sinnvoll arbeiten.

Die methodisch − didaktischen Kennzeichen der University − Extension

Das methodisch − didaktische Konzept der Universitätsausdehnung, wie es ganz wesentlich durch das Vorbild der englischen University − Extension geprägt wurde, umfaßte neben dem Vortrag drei komplementäre Elemente, zu denen die "class", der "syllabus" sowie die "weekly exercises" gehörten und die erst in ihrem wechselseitigen Bezug aufeinander den spezifischen Charakter einer nach mehr Systematik strebenden Volksbildungsarbeit ausmachen. Die "class" stellt den seminaristischen Teil des Konzeptes dar, sie schloß sich im allgemeinen an die einstündige Vorlesung an oder ging dieser voraus. In einer ca. halbstündigen Diskussion wurden Fragen der Vorlesung diskutiert. Im "syllabus" wurde der Kursinhalt vom Dozenten zusammengefaßt und mit bibliographischen Hinweisen versehen. Die "weekly exercises" dienten dem vertiefenden individuellen Studium sowie der Überprüfung des Kenntnisstandes. "Hatte ein Kandidat zwei Drittel der wöchentlichen Arbeiten zur Zufriedenheit des Dozenten ausgeführt und regelmäßig die Vorlesungen und 'classes' besucht, stand ihm die Teilnahme an der Abschlußprüfung offen" (Künzel 1974, S. 135). Das von seiten der Universität unterbreitete Angebot zu intensiverem Studium wurde allerdings nur von einer Minderheit wahrgenommen. So gingen beispielsweise in Cambridge während des Zeitraums von 1873 bis 1901/02 ca. 45% der Hörer zur "class", 13% fertigten die wöchentlichen Arbeiten an und rund 12% meldeten sich schließlich zur Prüfung (vgl. Künzel 1974, S. 137f.).

In dem Bemühen um eine methodische Vervollkommnung und Systematisierung der Bildungsarbeit wurden in den 80er Jahren "Students Associations" gegründet, "Travelling Libraries" eingerichtet sowie ein "Affiliation Scheme" geschaffen. Die "Students Associations" waren als ein Angebot an jene Hörer gedacht, denen an einer kontinuierlichen Beschäftigung mit dem sie interessierenden Wissensgebiet über einen längeren Zeitraum auch in vorlesungsfreien Zeiten gelegen war. Unterstützung fanden die Ansätze zur Überwindung des streckenweise okkasionellen Charakters der University – Extension durch die "Travelling Libraries", Kursbibliotheken in Form von Bücherkisten, in denen relevante Literatur zu den Kursen zusammengestellt und insbesondere an jene Hörer ausgegeben wurde, die sich an der Bearbeitung der wöchentlichen Übungen beteiligten. Das "Affiliation Scheme" schließlich stellte eine erste Vorform eines abgestuften Zertifikatsystems nach dem Baukastenprinzip dar, das es Interessierten ermöglichte durch das erfolgreiche Absolvieren eines dreijährigen Kurses die Zulassungsberechtigung für ein reguläres Studium zu erwerben, in dem die vorher erbrachten Leistungen angerechnet wurden. Allerdings gelang es nicht dieses System erfolgreich auszubauen.

Die Ausdehnungsbewegung in Österreich und Deutschland übernahm die methodischen Elemente der englischen University – Extension nur zum Teil. Die Kurse bestanden in der Regel aus sechs Vorträgen, zu denen die Hörer meistens eine gedruckte Inhaltsübersicht erhielten. Diskussionen im Anschluß an die Vorlesungen fanden nur vereinzelt statt; die Möglichkeit Fragen zu stellen beschränkte sich vielfach darauf, diese in schriftlicher Form vorher einzureichen. Von Einzelfällen abgesehen, wurden keine schriftlichen Arbeiten angefertigt. Die Gelegenheit Prüfungen abzulegen, existierte in Wien seit 1900/01; Voraussetzung hierfür war die Teilnahme an mindestens drei zusammenhängenden Fortsetzungskursen. Aus dem Erwerb eines Zeugnisses ließen sich jedoch keinerlei Berechtigungen herleiten, so daß die Zahl der Prüfungen äußerst gering blieb. Sonstige Maßnahmen zur Intensivierung der Mitarbeit von Hörern, insbesondere die Neuerungen der englischen University – Extension blieben ohne Auswirkung auf die Praxis der Ausdehnungsbewegung in Deutschland. Angesichts von Hörerzahlen die zwischen 80 und 300 pro Kurs schwankten, wären derartige Impulse sicherlich dringend notwendig gewesen. Einerseits standen dem jedoch die ohnedies knappen Ressourcen der Veranstalter volkstümlicher Hochschulkurse entgegen und andererseits hielt man aufgrund des noch wenig ausgeprägten methodisch – didaktischen Problembewußtseins an der Vorlesungsform fest.

Kurs – und Besucherzahlen

Im ersten Jahrzehnt nach der Gründungszeit erlebte die Universitätsausdehnung einen raschen Aufschwung. Das kontinuierliche Anwachsen der Hörerzahlen machte dies deutlich. Wien verzeichnete 1908/09 mit über 11.000 Teilnehmern einen Besucherrekord. In den Jahren zwischen 1906/07 und 1909/10 erreichte man auch in Deutschland die höchsten Teilnehmerzahlen. Ein Vergleich der Hörerzahlen zwischen den einzelnen Orten ist nicht sehr aussagekräftig, da die statistischen Angaben nur unvollständig vorliegen, die Zählmethoden nicht einheitlich waren und zudem bei der Erstellung von Gesamtfrequenzen oftmals von einer entsprechenden Gewichtung zwischen Einzelvorträgen und Vortragszyklen abgesehen wurde. Um dennoch eine Vorstellung von der Größenordnung zu gewinnen, seien einige Zahlen genannt. In Wien wurden im Zeitraum von 1904/05 bis 1913/14 durchschnittlich 80 bis 90 Kurse pro Jahr mit jeweils ca. 10.000 Hörern abgehalten. Diese Zahlen wurden in anderen Städten auch nicht annähernd erreicht.

Eine 1910 von A. Lampa, dem Herausgeber des "Zentralblattes für Volksbildungswesen" durchgeführte Umfrage ergab[4], daß seit der Gründung der Universitätskurse bis einschließlich 1908/09 in Berlin insgesamt 248, in München 239, in Leipzig 108 und in Wien bereits 1145 Kurse durchgeführt wurden. An den Kursen der drei größten deutschen Vereine nahmen während dieses Zeitraumes 75.482 (Berlin), 46.276 (München) und 34.232 (Leipzig), in Wien jedoch 129.900 Personen teil. Selbst wenn man berücksichtigt, daß mit der Durchführung von Hochschulkursen in Wien bereits zwei bis vier Jahre eher als in Deutschland begonnen wurde, so kann dies doch nicht über die ungleich größere Bedeutung hinwegtäuschen, die der Ausdehnungsbewegung dort zukam. Das Verhältnis verschiebt sich noch stärker zu Gunsten Wien's, wenn man die dort angebotenen auswärtigen Kurse mitberücksichtigt, ein Angebot für die Region, das in dieser Form in Deutschland nicht üblich war.

Aufgrund der Leitfunktion läßt sich am Wiener Beispiel die Entwicklung der Ausdehnungsbewegung sehr gut verfolgen. Nach dem im Studienjahr 1908/09 erreichten Höhepunkt stabilisierten sich die Kurs— und Besucherzahlen auf einem relativ hohen Niveau. Mit Ausbruch des Ersten Weltkrieges war ein kurzfristiger rapider Rückgang der Interessenten zu verzeichnen, der jedoch nicht lange anhielt. Bereits 1917/18 konnte ein zweiter Höhepunkt der Teilnehmerzahlen festgestellt werden. Dieser Aufschwung war allerdings nicht von Dauer, schon Anfang der 20er Jahre halbierten sich sowohl die Kurs— als auch die Teilnehmerzahlen und sanken bis zum Beginn der 30er Jahre nochmals auf rund ein Fünftel der Zahlen aus der Blütezeit der Bewegung. Macht man das Verhältnis der sechs Vorlesungen umfassenden Hochschulkurse zu den bis auf 24 Einheiten erweiterten Kursringen bzw. —zyklen zu einem Gradmesser für das Streben nach Systematisierung der Bildungsarbeit und damit zu einem qualitativen Kennzeichen der Ausdehnungsbewegung, so läßt sich durchaus eine Kongruenz zwischen quantitativem und qualitativem Entwicklungsverlauf konstatieren. Parallel mit dem Wachstum von Teilnehmer— und Kurszahlen vollzieht sich auch eine Umschichtung von den Einzelkursen (6 Vorlesungen) zu den Reihenkursen (12 bis 24 Vorlesungen). Dominierten in den ersten beiden Jahren der Ausdehnungsbewegung noch die Einzelkurse, so kehrte sich ab 1897 das Verhältnis um und der prozentuale Anteil der in Form von Kurszyklen angebotenen Vorträge stieg bis 1908/09 auf ca. 80% und stabilisierte sich in der Folgezeit bei etwa 75% (vgl. Altenhuber 1972, S. 175f.).

Finanzierung der volkstümlichen Hochschulkurse

Die ungleich größere Bedeutung welche die Ausdehnungsbewegung in Österreich spielte, ist wesentlich darin begründet, daß in Deutschland volkstümliche Hochschulkurse weder die institutionelle Absicherung noch die staatliche Unterstützung erhielten wie in Wien. Von den Vereinigungen für volkstümliche Hochschulkurse im Deutschen Reich erhielten knapp die Hälfte weder vom Staat noch von den Gemeinden finanzielle Subventionen. Einen staatlichen Zuschuß bekamen einzig die Hochschulkurse in Kiel durch das Reichsmarineamt sowie gelegentlich vom Wohlfahrtsausschuß der Kaiserlichen Werft. Zumeist bescheidene Zuschüsse der Gemeinden erhielten die Hochschulkurse in Berlin, Freiburg, Hannover, Kiel, Leipzig und Stuttgart. Ansonsten mußten die anfallenden Kosten durch die Beiträge der Mitglieder und Förderer, den Erlös aus dem Verkauf der Eintrittskarten sowie vereinzelte Zuwendungen aus Stiftungen bestritten werden. Wie sehr die Hochschulkurse auf finanzielle Unterstützung angewiesen waren, macht das Wiener Beispiel deutlich. Die Kürzung bzw. das Ausbleiben der sich vor dem Ersten Weltkrieg jährlich auf 20.000 Kronen belaufenden staatlichen Subventionen, knapp der Hälfte des gesamten Jahresbudgets trug ganz entscheidend mit zum Niedergang der Ausdehnungsbewegung bei.

Möglichkeiten, die finanzielle Lage der Vereinigungen für volkstümliche Hochschulkurse über eine entsprechende Gestaltung der Sätze für Honorare und Gebühren zu verbessern, waren kaum realisierbar. Um die allgemeine Zugänglichkeit der Kurse zu gewährleisten, mußte auf jeden Fall verhindert werden, daß die Höhe des Teilnehmerentgelts zu einer den Kursbesuch beeinflussenden Hemmschwelle wurde. Aus diesem Grunde war man allerorten bemüht, die sich durchschnittlich auf 1 Mk belaufende Gebühr pro Kurs für minderbemittelte Klassen um 50% zu senken. Diese Maßnahme zielte insbesondere darauf ab, den Arbeitern die Teilnahme zu erleichtern. Die einzige Chance, die Einnahmen zu verbessern, bestand somit in möglichst hohen Teilnehmerzahlen. Auf der Ausgabenseite verblieb nach Abzug der Aufwendungen für Miete und Sachkosten lediglich der Honoraranteil einer gewissen Disposition. Aufgrund ihrer schlechten materiellen Lage waren jedoch die Privatdozenten und Assistenten auf das Honorar von 150 bis 180 Mk pro Kurs dringend angewiesen. Lediglich die ordentlichen Professoren konnten zum Teil auf ihr Honorar zu Gunsten eines Fonds der volkstümlichen Hochschulkurse verzichten, was auch des öfteren geschah.

Lehrende und Lernende

Der Grundsatz, für die volkstümlichen Hochschulkurse nur Hochschullehrer heranzuziehen, war von der Idee geleitet, die Volksbildungsarbeit auf ein solides wissenschaftliches Fundament zu stellen. Jedoch schon recht bald erkannte man, daß die Anforderungen an die Lehrenden erstens "gemeinverständlich für Jedermann zu sprechen" und zweitens "aus dem betreffenden Wissensgebiet das Wichtigste, das Notwendigste herauszusuchen" (May 1900, S. 362) nicht immer vorausgesetzt werden konnten:

> "Es mangelt manchem Universitätslehrer, der ein großer Gelehrter und Forscher sein kann, an Lehrtalent, es gehen ihm sogar zuweilen die elementarsten pädagogischen Grundsätze und Eigenschaften ab. Man wählt die Universitätslehrer ja nicht aus nach ihrem größeren oder geringeren Grad von Fähigkeiten zum Lehren, wenn man es auch mit in Betracht zieht, sondern weitmehr oder zuweilen ganz allein nach ihrer Gelehrsamkeit" (ebd.).

Das Problem der didaktischen Qualifizierung stellte sich im Rahmen der Hochschulkurse deshalb besonders, da hier die Bereitschaft der Hörer im Unterschied zu den regulären Studenten viel größer war, unverständlichen Vorlesungen zukünftig fernzubleiben. Von dem Willen, sich der Aufgabe einer pädagogischen Schulung der Hochschullehrer anzunehmen, zeugt der Hinweis auf den damals ins Leben gerufenen "Werbeverband für Hochschulpädagogik", einem Vorläufer des "Arbeitskreises Hochschuldidaktik".

In Wien wurden den Lehrenden methodische Richtlinien für die Abhaltung der volkstümlichen Universitätskurse an die Hand gegeben. Darin wird u.a. gefordert, sich klar auszudrücken, frei zu sprechen, keine Kenntnisse vorauszusetzen, technische Fachausdrücke und Fremdworte bis zu deren Klärung zu vermeiden, den Kontakt zum Hörer ständig aufrechtzuerhalten, um jederzeit den Vortrag nach der Auffassungsfähigkeit des Publikums umstellen und verändern zu können. Nachdrücklich wird den Vortragenden ans Herz gelegt, nicht zu glauben, daß ihre Aufgabe mit dem Vortrag abgeschlossen sei; in dem sich anschließenden Unterricht käme es darauf an, die Teilnehmer zu Fragen und Gespräch anzuregen und auf ihre persönlichen Interessen einzugehen (vgl. Bericht über die volksthümlichen Universitätsvorträge 1897, S. 15f.). Ob es gelang, die hier formulierten Ansprüche in der praktischen Arbeit zu verwirklichen, darüber ist wenig bekannt. Aus den geringen Dropout–Quoten läßt sich eine gewisse Zufriedenheit der Hörer mit den Angeboten ablesen. So lag z.B. während des Studienjahres 1899/1900 bei über 70% der Kurse in Wien der Teilnehmerschwund zwischen 0 und 30% (vgl. Bericht über die volksthümlichen Universitätsvorträge 1900, S. 11f.).

Auch umgekehrt äußerten sich die Hochschullehrer zumeist äußerst lobend über Aufmerksamkeit, Fähigkeiten und Interessen ihrer Hörer. In einem Bericht über "Volksthümliche Kurse von Berliner Hochschullehrern" aus dem Jahre 1898 lesen wir:

"Daß die Hörer allgemein das größte Interesse bewiesen haben, bestätigen übereinstimmend die Berichte der Dozenten. Alle Vortragenden rühmen die lebhafte Antheilnahme und die gespannte Aufmerksamkeit, die auch bei schwierigeren Betrachtungen nicht nachließ und heben die Dankbarkeit hervor, die vielfach mündlichen Ausdruck fand." Vergleiche zwischen den regulären Studenten und Teilnehmern der volkstümlichen Hochschulkurse fielen häufig zu Gunsten der letzteren aus: "Die Hörer zeigen ein Interesse für den Gegenstand und eine Reife der Auffassung, wie man sie bei Studenten meist nur *wünschen* kann" (Hervorhebung im Original, Löffler 1905, S. 46f.).

Sozialstruktur der Hörerschaft

Um die positiven Urteile über die Teilnehmer der Hochschulkurse einschätzen zu können, gilt es einen Blick auf deren Sozialstruktur zu werfen. Leider sind diesbezügliche Daten äußerst fragmentarisch und können keinesfalls den Ansprüchen der Repräsentativität genügen. Wenden wir uns zunächst der Vorbildung zu. Von den Besuchern der Wiener Kurse in den Jahren 1901/02 bis 1904/05 hatten jeweils rund ein Drittel die Volksschule bzw. eine berufliche Fachschule, ca. 12% die Mittelschule und je 4% eine Lehrerbildungsanstalt oder Hochschule besucht. In Nürnberg besaßen während des Zeitraumes von 1907 bis 1910 38,7% der Teilnehmer Volksschulbildung, 55,9% Mittelschulbildung und 5,4% Hochschulbildung. Berlin weist in den Jahren 1906 bis 1908 mit ca. 54% einen vergleichsweise großen Anteil von Volksschulabsolventen auf, ca. ein Drittel der Teilnehmer hatten dort eine Mittelschule, ca. 3% eine Lehrerbildungsanstalt und rund 2% eine Hochschule besucht.

Im Unterschied zur englischen Bewegung stellten in Deutschland und Österreich während der Anfangsphase der Ausdehnungsbewegung die Männer drei Viertel der Besucher, erst im Laufe der weiteren Entwicklung erhöhte sich der Anteil der Frauen stetig; in den Kriegsjahren dominierte dann die weibliche Hörerschaft.

Betrachtet man die Altersstruktur, so läßt sich hier ein deutliches Übergewicht der bis zu 40jährigen feststellen, die über 80% der Teilnehmer ausmachen; innerhalb dieser Gruppe stellte die Population der 20 bis 30jährigen den weitaus größten Teil der Besucher.

Eine Analyse der Teilnehmerschaft hinsichtlich der Berufsstruktur wird durch divergierende Zuordnungskriterien erschwert. Neben den Arbeitern waren insbesondere Angehörige des Mittelstandes, Angestellte aus Handel und Gewerbe sowie der Lehrerschaft besonders zahlreich vertreten. Der Anteil der Arbeiterschaft lag in Wien und München bei ca. 30%, in Berlin bei 50%. Gemessen an dem Anspruch der Ausdehnungsbewegung, insbesondere die breiten Massen der Bevölkerung mit ihren Angeboten zu erreichen, kann durchaus von einem Teilerfolg gesprochen werden. Schon damals zeigte sich ein bis heute gültiges Phänomen, nämlich, daß jene Bevölkerungsgruppen, die bereits ein hohes Maß an formaler Bildung auszeichnet und die über gute materielle Voraussetzungen verfügen, die größte Weiterbildungsbereitschaft aufweisen. Dies zeigt sich auch innerhalb der einzelnen Berufsgruppen. So stellte man z.b. in Wien fest, daß unter den Teilnehmern der volkstümlichen Hochschulkurse Buchdrucker und Metallarbeiter unter den Arbeitern überrepräsentiert waren, eine Gruppe "mit der kürzesten Arbeitszeit, der besten Organisation und der größten Intelligenz" wie im Bericht über die volksthümlichen Universitätsvorträge im Studienjahre 1900/01 (1901, S. 55) festgestellt wird. Zu einer stärkeren Frequentierung der Kurse durch die Arbeiter kam es dort, wo es gelang, deren Vertreter aktiv in die Organisationsprozesse der örtlichen Vereinigungen mit einzubeziehen. In Berlin übernahm z.b. ein Arbeiterkomitee den Kartenverkauf für die volkstümlichen Hochschulkurse. Mit dieser Beteiligungsform waren aber zugleich die Grenzen einer Mitwirkung der Hörerschaft erreicht.

Mitwirkungsrechte der Hörer

Von einer direkten Mitbestimmung in Leitungs − und Entscheidungsprozessen waren die Teilnehmer der volkstümlichen Hochschulkurse ausgeschlossen. Das sich hier offenbarende Problem fehlender Mitwirkungsrechte der Hörer beschränkte sich nicht auf die Arbeiterschaft, es stellt ein übergreifendes Defizit der Ausdehnungsbewegung insgesamt dar. Selbst bescheidene Versuche, durch die Einreichung von Themenwünschen die Teilnehmer auf eine sehr indirekte Art an der Programmplanung partizipieren zu lassen, blieben wirkungslos.[5] "Die Hörerschaft hatte in der Regel weder in der Verwaltung noch bei der Auswahl der Vortragenden noch bei der Aufstellung der Unterrichtsthemen entscheidend mitzureden" (Keilhacker 1929, S. 99). In Österreich war diese Ausgrenzung der Hörer aufgrund der institutionellen Verankerung der Hochschulkurse in der Universität sogar statutenmäßig festgeschrieben. Doch auch in Deutschland mit seinen flexibleren Organisationsformen unterblieben − von Einzelfällen abgesehen − entscheidende Ansätze zur gleichberechtigten Vertretung der Hörerschaft. Dies ist deshalb nicht besonders verwunderlich, da die einseitig bestimmende Leitungsfunktion der organisatorisch und institutionell adäquate Ausdruck des Prinzips der Einwegkommunikation war, das seine pädagogische Ausprägung in einer auf Vermittlung abzielenden extensiven Bildungsarbeit fand. Insofern herrschte durchaus Kongruenz zwischen äußerer Form und inhaltlicher Praxis der Ausdehnungsbewegung. Es war folglich nur konsequent, daß die in England durch die WEA eingeleiteten Reformbestrebungen den Zusammenhang von Demokratisierung und Intensivierung der Bildungsarbeit nachdrücklich betonten. Aus diesen Bestrebungen ging eine neue Form der Bildungsarbeit, die "Tutorial Class" hervor, die sich gerade durch den wechselseitigen Bezug organisatorischer und methodischer Neuerungen auszeichnete: Planung und Durchführung lagen in den Händen eines Komitees der Arbeiterschaft, der methodische Rahmen war durch die Beschränkung auf eine kontinuierliche Arbeit in kleinen Gruppen von maximal 30 Personen über einen dreijährigen Zeitraum vorgegeben, die alleinige inhaltliche Verantwortung für die Entwicklung eines entsprechenden Curriculums trugen die Universitätsdozenten.

Die englische Tutorial—Class—Bewegung blieb ohne Wirkung für die Entwicklung in Deutschland. Unabhängig von dem britischen Vorbild zeichneten sich hingegen in Österreich, wenngleich viel zaghafter, Initiativen ab, die tendenziell in dieselbe Richtung zielten. Hörer der Wiener volkstümlichen Hochschulkurse artikulierten bereits 1900 ihren Wunsch, eine Organisation zu schaffen, die es erlaubt, eingehendere Studien unter der Leitung von Hochschuldozenten zu betreiben. L.M. Hartmann kommentierte diesen Vorstoß mit den Worten: "Nachdem die Universitätslehrer zum Volke gegangen sind, will nun das Volk zu den Universitätslehrern gehen, um sich unter ihrer Leitung auch selbstthätig zu bewähren" (1901, S. 20). Die Notwendigkeit von Veränderungen der bisherigen Bildungsarbeit wurde von den führenden Repräsentanten der Ausdehnungsbewegung durchaus erkannt und auch positiv aufgegriffen. In Wien entstand die am weitesten entwickelte Institution der Universitätsausdehnungsbewegung, das "Volksheim", eine Art Volksuniversität, die ab 1905 über ein eigenes Haus mit Hörsälen, Bibliothek sowie naturwissenschaftlichen Laboratorien verfügte. Im Jahre 1909 eröffnete eine zweite solche Einrichtung, das "Volksbildungshaus", ihre Pforten; 1910 folgte die "Urania". Die Schwerpunkte der andragogischen Volksbildung verlagerten sich in der Folgezeit immer stärker auf diese Institutionen.

1.3 Popularisierung als Vermittlung zwischen Wissenschaft und Alltag

Popularisierung als Akt der Aufklärung

Der Anspruch, durch die volkstümlichen Hochschulkurse zu einer Popularisierung der Wissenschaft beizutragen, zeigt deutlich, wie sehr die Ausdehnungsbewegung vom Geiste der Aufklärung getragen war. "Populär" bedeutet in diesem Sinne, wissenschaftliche Erkenntnisse in einer gemein—verständlichen Sprache zu präsentieren. Das Motto lautete: "Volkstümlich im Ausdrucke, aber wissenschaftlich im Inhalte" (Penck 1905, S. 2). Neben der Überwindung von sprachlichen ging es zugleich um die Beseitigung sachimmanenter Barrieren. Es galt den Stoff eines entsprechenden Wissensgebietes auf das Wichtigste und Notwendigste zu konzentrieren, ein Vorgang, den wir heute mit den Begriffen der didaktischen Reduktion und Rekonstruktion zu umschreiben pflegen. Wenn dem Terminus des Popularisierens heute wie damals eine negative Bedeutungskonnotation inhärent ist, so hängt dies damit zusammen, daß insbesondere von den Gegnern der Popularisierung eine Gleichsetzung von verständlich und oberflächlich vorgenommen und unterstellt wurde, die Popularisierung untergrabe methodische Stringenz und sachliche Redlichkeit der Wissenschaft. Dieser Vorwurf zielte in seiner Pauschalität nicht darauf ab, die in der Tat weitgehend unreflektiert gebliebenen Kriterien der didaktischen Reduktion einem durchaus notwendigen rationalen Diskurs zu unterziehen, sondern eher auf die Diskreditierung einer aufklärerischen Bewegung, in der eine Gefahr für das bestehende elitäre Universitätsverständnis gesehen wurde. Gestützt wird diese Beurteilung durch die Tatsache, daß ernsthafte Versuche, das Problem der Popularisierung in einer den wissenschaftlichen Standards adäquaten Weise anzugehen, von den Gegnern einer Popularisierung nicht unternommen wurden, obgleich bereits Kant auf die hohen Ansprüche, die mit einer Popularisierung verbunden sind, hingewiesen hatte:

"... wahre Popularität erfordert viele praktische Welt− und Menschenkenntnis, Kenntnis von den Begriffen, dem Geschmacke und den Neigungen der Menschen, worauf bei der Darstellung und selbst der Wahl schicklicher, der Popularität angemessener Ausdrücke beständige Rücksicht zu nehmen ist. − Eine solche Herablassung (Condescendenz) zu der Fassungskraft des Publicums und den gewohnten Ausdrücken ... ist in der That eine große und seltene Vollkommenheit, die von vieler Einsicht in die Wissenschaft zeugt. Auch hat sie außer vielen anderen Verdiensten noch dieses, daß sie einen Beweis für die vollständige Einsicht in eine Sache geben kann" (Kant 1868, Bd. 8, S. 48).

Nimmt man die Aussage Kant's ernst, so hätten sich die Antagonisten der Popularisierung mit dem Vorwurf der Verflachung lediglich ihre eigene mangelnde wissenschaftliche Befähigung attestiert. Eine zweite Passage des Zitats scheint mir jedoch mindestens ebenso wichtig. In den Worten "Herablassung zu der Fassungskraft des Publicums" ist bereits jene Geisteshaltung treffend charakterisiert, die später in der Ausdehnungsbewegung vorherrscht, nämlich die eines einseitigen Vermittlungsprozesses, in dem die Rollen zwischen Gebenden (Wissenschaft) und Nehmenden (Teilnehmer) mehr oder weniger fest vorgezeichnet sind. Die Unzulänglichkeiten eines solchen Lösungsansatzes sind heute evident. Bevor ich mich jedoch damit beschäftige, welche praktischen Konsequenzen mit dieser Haltung in der Ausdehnungsbewegung verbunden waren, scheint es mir wichtig, auf die unterschiedlichen wissenschafts− und bildungstheoretischen Positionen der Aufklärungspädagogik und des Neuhumanismus hinzuweisen, soweit es für das Verständnis der andragogischen Volksbildungsbestrebungen erforderlich ist.

Zum Gesellschaftsbezug von Wissenschaft und Bildung

In einer Rede zur Eröffnung des "Vereins für wissenschaftliche Vorträge" in Berlin, einem Vorläufer der Ausdehnungbewegung, beklagt der Staatswissenschaftler, Historiker und Mitglied der Frankfurter Nationalversammlung Friedrich von Raumer die "Trennung und Vereinzelung der Wissenschaft und des Lebens", statt dessen sollten sich beide "harmonisch durchdringen, fördern und stützen" (Raumer 1852, S. 32), in dem "Populärmachen von Wissen" sieht er eine Möglichkeit hierzu. Auch hat es nicht an Vorschlägen gefehlt, das Problem einer Vermittlung zwischen Wissenschaft und Leben durch eine institutionelle Verankerung des Gedankens der Popularisierung an der Universität anzugehen. Fink forderte 1822 für jede Hochschule einen Lehrstuhl für Volks − und Volksbildungskunde, der sich dieser Aufgabe annehmen sollte und Stab plädierte 1844 für die Entwicklung einer "populären Wissenschaft" als Teil der Erziehungswissenschaft.

Eng verknüpft mit der Forderung nach einer Popularisierung des Wissens ist die Idee der Utilität[6], wie sie in der Aufklärungspädagogik vorherrschte. Unabhängig davon, ob es sich um die Schulbildung oder die andragogische Volksbildung handelte, das Ziel war es stets, eine direkte Beziehung zwischen dem Lerngegenstand und der Lebens − und Berufssituation der Menschen als Mitglieder einer sozialen Gemeinschaft herzustellen. Die Bedeutung einer Verbreitung wissenschaftlicher Erkenntnisse resultiert folglich nicht nur aus den darin angelegten Chancen der individuellen Selbstentfaltung, sondern darüber hinaus aus dem sozialen Nutzen für die Aufgabenerfüllung einer gesellschaftlichen Funktion.

Während die Aufklärungspädagogik, dem utilitaristischen Standpunkt folgend, die allgemeine Menschenbildung in der Idee beruflich − gesellschaftlicher Brauchbarkeit aufgehoben sieht, vollzieht sich im Übergang zum Neuhumanismus ein radikaler Perspektivwechsel. Jegliche auf die Berufs − und Lebensverhältnisse bezogenen Lerninhalte werden nun verworfen und ein jenseits aller Nützlichkeit liegender Eigenwert der Bildung postuliert. Der Neuhumanismus ist als Gegenposition zu der aufklärerischen Berufs − und Standeserziehung zu begreifen, der er vorwirft, die Erziehung und Bildung ökonomischen Zweckmäßigkeiten untergeordnet zu haben. In einer Zeit, die erstens von der strikten Trennung zwischen Bildung und Ausbildung geprägt war, die zweitens den Beruf als Gegenpol der Bildung verstand und die drittens noch nicht über eine Theorie der Bildung durch den Beruf verfügte (vgl. hierzu Blankertz 1963), wurden jegliche Bemühungen der Ausdehnungsbewegung um eine Bildung der Berufstätigen zwangsläufig aus dem offiziellen Hochschulsystem ausgegrenzt.

Auch außerhalb der Universitätsmauern sahen sich die volkstümlichen Hochschulkurse mit dem Vorwurf konfrontiert, einer diskreditierten Utilität zu dienen. Der Kantianer J.B. Meyer formuliert eine dezidierte Gegenposition zu dem neuhumanistischen Ideal, wenn er äußerst prägnant konstatiert: "... daß der höchste Zweck des Wissens nicht darin besteht Kenntnisse anzuhäufen, sondern darin, dieselben zum Besten des geistigen Fortschritts der Menschheit zu verwerthen" (Meyer 1869, S. 50). Dieses Streben nach Verwertung des Wissens im tätigen Leben mußte zwangsläufig in einer Hochschule, die erstens konsequent eine Ausweisung des Berufs aus dem Bereich der Bildung praktizierte und zweitens die strikte Trennung von Wissenschaft und Anwendung anstrebte, auf Widerstand und Ablehnung stoßen. Hier standen sich nicht nur zwei unterschiedliche Auffassungen von Bildung, sondern zudem auch zwei konträre Positionen über das Wechselverhältnis von Wissenschaft und Alltag gegenüber. Vertraute man einerseits mehr auf die sich mittelbar entfaltende Wirkung einer zunächst zweckfreien Aneignung geistiger Güter für späteres Handeln, so herrschte andererseits die Auffassung vor, die Erkenntnisse der Wissenschaft direkt im Interesse der Berufs – und Lebenspraxis umzusetzen. Die sich hier offenbarenden unterschiedlichen Konzeptionen des Gesellschaftsbezuges von Wissenschaft zwischen regulärem Hochschulbetrieb und andragogischen Volksbildungsbestrebungen im Vorfeld der Universitätsausdehnungsbewegung waren zweifelsfrei mit ein Grund für die spätere Abspaltung der Volksbildungsarbeit von den Universitäten.

Anders als in England, wo es sich wirklich um eine Extensionsbewegung der Universität handelte, vollzieht sich mit der sogenannten Ausdehnungsbewegung in Deutschland vielmehr die vorläufige Ausgrenzung der andragogischen Volksbildung aus der Hochschule (vgl. Krüger 1982, S. 19). Die Folgen dieser Entwicklung manifestieren sich heute in den unterschiedlichen Strukturen der anglo – amerikanischen und deutschen Erwachsenenbildung. Während in England die University – Extension von unten aus Emanzipationsbestrebungen unterprivilegierter Gruppen hervorging, nahm die Entwicklung in Deutschland einen umgekehrten Verlauf. Unter Popularisierung verstand man hierzulande am Ende des vorigen Jahrhunderts durchweg die Einführung "gebildeter Classen" in neue Wissensgebiete (vgl. Helmholtz 1903), eine Auffassung, die durch die Anfänge der Ausdehnungsbewegung bestätigt wird. Mit Blick auf die deutsche Entwicklung schreibt Rein (1900, S. 132f.):

"Zuerst trat das Bestreben auf, den Zusammenhang der Universität mit den akademisch gebildeten Kreisen nicht zu verlieren, letztere gleichsam auf dem Laufenden in Bezug auf die Errungenschaften der Wissenschaft zu halten. Dies Bedürfnis trat namentlich bei den Ärzten hervor, denen ja auch die Fortbildung in ihrem Beruf unmittelbar zugute kam. Daran schloß sich die Verbindung mit den Lehrern an höheren Lehranstalten, namentlich der Naturwissenschaften, da ja die Fortschritte auf diesem Gebiete besonders greifbar sind. Von hier aus wurde der Kreis auf die Geistlichen, die Lehrerinnen und die Volksschullehrer erweitert, die beide mit großer Begeisterung sich dem akademischen Einfluß hingaben. Zuletzt wurden auch die Arbeiterschichten einbezogen. So ist der Kreis von der Universität aus allmählich im Laufe eines Jahrzehnts, seit 1889, gleichsam konzentrisch erweitert worden."

Ihren sozial – harmonisierenden Charakter erhielt die Ausdehnungsbewegung erst, als man sie für sozial – und gesellschaftspolitische Zwecke zu instrumentalisieren suchte; wenngleich die institutionelle Trennung von Hochschule und andragogischer Volksbildung zu diesem Zeitpunkt bereits eingeleitet war, so wurde diese Entwicklung hierdurch endgültig zementiert. Der späteren kritischen Haltung der 'neuen Richtung' gegenüber der Wissenschaft war das Zurückweichen der Wissenschaft vor den Belangen der Volksbildung und ihrer Auffassung von einer Gesellschaftsdienlichkeit der Wissenschaft vorausgegangen. Von der Ausdehnungsbewegung wurde der Kontakt zur Wissenschaft durchaus gesucht. Natorp, ein Hauptvertreter des Neukantianismus[7], forderte bereits 1913 eine "einheitliche wissenschaftliche Grundlegung" des gesamten Bildungswesens und kritisierte insbesondere, daß der Universität das "Bewußtsein der sehr ernsten Mitverantwortlichkeit ... am Sein und Leben der gesamten Volksbildung bis zu ihren untersten Stufen herab" fehle (Natorp 1913, S. 9). Er konstatierte eine Diskrepanz zwischen der realen Interdependenz von Wissenschaft und gesellschaftlichen Subsystemen einerseits und der mangelnden Bereitschaft der Wissenschaft andererseits, sich ihrer Verantwortung auch bezüglich der Fort— und Weiterbildung anzunehmen:

"... sachlich durchdringt die Wissenschaft schon lange aufs tiefste das ganze Arbeitsleben der Nation und der Nationen; sozial angesehen, das heißt als Lehranstalten, scheinen die Stätten ihrer Pflege noch immer allein darauf zugeschnitten und eingerichtet, die formale Leitung der Nation, in Verwaltung und Rechtssprechung, im geistlichen und Lehramt, daneben auch die Pflege der leiblichen Gesundheit, das heißt aber, lediglich gewisse allgemeinste *Vorbedingungen* des sozialen Lebens, nicht dieses selbst in seinem Kerne, nicht das eigentliche *Arbeitsleben* der Gemeinschaft wissenschaftlch zu fundieren" (Hervorhebung im Original, ebd., S. 2).

Mit dieser Forderung zielt Natorp ganz bewußt auf Formen andragogischer Volksbildung ab, die wir heute als berufsbezogene wissenschaftliche Weiterbildung bezeichnen. Die Notwendigkeit einer solchen Bildungsarbeit leitet er aus der wirtschaftlichen und gesellschaftlichen Entwicklungsdynamik her:

"... jeder Beruf ohne eine einzige Ausnahme, verlangt schon heute, und verlangt, angesichts der gewaltigen Entwicklung einer neuartigen, man darf wohl sagen, mit Wissenschaft bereits jetzt tief durchtränkten Kultur, mit jedem Tage gebieterischer eine unablässig fortschreitende Vertiefung gerade ihrer wissenschaftlichen Grundlagen" (ebd., S. 3).

Besonders hervorzuheben gilt es, daß Natorp sich entschieden gegen ein funktionalistisch verkürztes Bildungsverständnis wendet. Volksbildung darf für ihn nicht allein auf kognitive Aspekte begrenzt werden, sie kann sich seiner Auffassung nach nur als Einheit intellektueller, ethischer und ästhetischer Komponenten realisieren. Bildung habe es, so Natorp, stets mit dem konkreten, lebendigen Menschen zu tun und an ihn müsse sich deshalb auch die Wissenschaft wenden. "Dieser ganze Mensch aber faßt sich, nach Pestalozzis tiefer Einsicht, schließlich zusammen in seiner Lebensarbeit" (Natorp 1912, S. 27). In dieser Auffassung liegt die eigentliche Begründung für die Forderung, "das Arbeitsleben des ganzen Menschen, bis zum geringsten herab, so wie es nur sein kann, zu durchdringen mit dem Geiste der Wissenschaft, aber auch die Wissenschaft ganz zu durchdringen mit dem Geiste der schaffenden Arbeit" (ebd.).

Zur Vermittlungspraxis der volkstümlichen Hochschulkurse

Die Praxis der volkstümlichen Hochschulkurse blieb hinter dem theoretischen Anspruch einer wechselseitigen Durchdringung von Wissenschaft und Arbeitsleben zurück. Die Auswahl der Angebote geschah keineswegs anhand beruflicher Tätigkeitsfelder oder aufgrund von Teilnehmerwünschen, sie orientierte sich vielmehr an der Struktur der wissenschaftlichen Disziplinen sowie den spezifischen Kompetenzen der Vortragenden. Auf die kaum vorhandenen Möglichkeiten der Teilnehmer, sich aktiv an der Planung und Durchführung der Kurse zu beteiligen, bin ich bereits eingegangen (vgl. Kapitel 1.2). Die Inhalte der Hochschulkurse erstreckten sich auf naturwissenschaftliche, medizinische, technische, literarische, mathematische, geographische, juristische, historische sowie philosophische Themen; prinzipiell wurden sämtliche Wissensgebiete angeboten, sofern sie nicht politische, soziale und religiöse Streitfragen berührten. Diese Einschränkung war zum Teil in den Satzungen fixiert bzw. existierte als ungeschriebene Richtlinie. In der Tatsache, "daß von Seite der Hochschulen eine ganz parteilose und nicht konfessionelle Belehrung des großen Publikums" angeboten wurde (Böhmert 1894, S. 15), sah man gerade mit ein Spezifikum, worin sich die volkstümlichen Hochschulkurse von sonstigen Angeboten andragogischer Volksbildung unterschieden.

Ging die Programmplanung im wesentlichen an den Wünschen und Interessen der Adressaten vorbei, so existierten doch zaghafte Bemühungen, auf die Situation der Teilnehmer bei der Gestaltung der Vorträge einzugehen. In den methodischen Richtlinien für die Abhaltung der volkstümlichen Hochschulkurse wird empfohlen, "überall, wo es angeht, an Vorgänge anzuknüpfen, die den Hörern aus der Erfahrung des täglichen Lebens bekannt sind" (Bericht über die volksthümlichen Universitätsvorträge im Studienjahre 1896/97, Wien 1897, S. 15).[8] Die hier noch überaus zurückhaltend und vage zum Ausdruck kommende Hinwendung zu einem teilnehmerorientierten Ansatz ist insofern interessant, als sich darin Zweifel an einem Vorgehen offenbaren, das allein auf die aufklärerische Wirkung durch die Verbreitung wissenschaftlicher Wahrheiten setzte. Daß der Eindruck entstehen konnte, der Ausdehnungsbewegung gehe es lediglich um die Anhäufung geistiger Güter, was ihr insbesondere von der 'neuen Richtung' vorgeworfen wurde, ist auf eine Anlehnung an das bürgerliche Bildungsideal zurückzuführen. Zwischen der ursprünglichen Intention der Ausdehnungsbewegung, vornehmlich zum selbständigen Denken zu erziehen und ihrer wissenschaftsgläubigen Praxis klaffte ein Widerspruch. Zwar fehlte es nicht an Stimmen, die darauf aufmerksam machten, so z.B. Rein, der feststellte: "Diejenigen stecken sich das Ziel zu niedrig und erscheinen zu flach, die auf eine bloße Aufklärung mittelst größeren Wissenserwerbs hinzielen" (Rein 1897, S. 52), doch an der extensiven, methodisch unzureichend reflektierten Bildungsarbeit änderte dies wenig.

Da der Zusammenhang zwischen Wissenschaft und Alltagspraxis der Teilnehmer in der Ausdehnungsbewegung nicht systematisch hergestellt wurde, blieb es den Hörern der volkstümlichen Hochschulkurse überlassen, diese Brücke zu schlagen. Wie stark das Bedürfnis hierzu war, geht sowohl aus den Berichten über das Teilnehmerverhalten als auch der Frequentierung angebotener Themen in Abhängigkeit von der Berufs – und Sozialstruktur deutlich hervor. Schenkt man den Kursberichten Glauben, so zeichneten sich die Hörer insbesondere durch ihre Fähigkeit aus, das Theoretische durch Beispiele aus ihrer alltäglichen Praxis zum Leben zu erwecken. Auf dem 1. Volkshochschultag 1904 in Wien berichtete Professor Löffler (1905, S. 47):

"Jeder allgemeine Satz, den ich vorbringe, wird in den Köpfen dieser Hörer sofort durch praktische Fälle unterlegt, die sie selbst, oder ihre Freunde erlebt, die sie in der Zeitung gelesen haben; das beweisen die zahlreichen, höchst zutreffenden Fragen, welche nach jeder Vorlesung gestellt werden."

Wie stark der Wunsch der Hörer war, mittels der Vortragskurse nicht nur ihre Allgemeinbildung zu verbessern, sondern den Besuch mit ganz konkreten beruflichen

Zielsetzungen zu verbinden, geht eindeutig aus den entsprechenden Statistiken hervor. Elektriker und Monteure überwogen in den Kursen über Elektronik; Mechaniker und Optiker in den physikalischen Kursen; Fotografen in den chemischen Kursen; Maler, Zeichner und Bildhauer in den kunstgeschichtlichen Kursen; Berufe des Gesundheitswesens in den medizinischen Kursen usw. (vgl. Fuchs 1900, S. 20). Es wurden von den Hörern vielfach diejenigen theoretischen Kurse bevorzugt, "welche ihnen als Ergänzung ihrer praktischen Thätigkeit erschienen" (Hartmann 1901, S. 18).

Da über die Hochschulkurse keine formal anerkannten Qualifikationen erreicht werden konnten, lassen sich in Deutschland direkte positive Folgen im Sinne eines beruflichen Aufstiegs nicht nachweisen. Daß ein diesbezügliches Bedürfnis offenbar bestand, machen Erfahrungen aus England deutlich. Die starke Beteiligung des Lehrernachwuchses an den Vortragskursen machte die University — Extension teilweise zu einer Ausbildungsstätte und einem 'Zuliefererbetrieb' des staatlichen Lehrerbildungswesens. Durch die Vergabe von staatlich anerkannten Zertifikaten war ungewollt ein Anreiz geschaffen, "die Kurse der University Extension in den Dienst des beruflichen Fortkommens zu stellen" (Künzel 1974, S. 160).

Als Fazit der Ausführungen zum Verhältnis von Wissenschaft und Alltag läßt sich folgendes festhalten: War den Anhängern einer vom Geiste der Aufklärung getragenen Popularisierung der Gedanke einer der Utilität verpflichteten Verbreitung wissenschaftlicher Erkenntnisse durchaus geläufig, so brachte die organisatorische, methodische und didaktische Praxis der Ausdehungsbewegung den Bedürfnissen und Interessen ihrer Adressaten wenig Aufmerksamkeit entgegen. Dies hinderte die Teilnehmer jedoch nicht, in ihrem Streben nach beruflicher Verwertbarkeit, soweit es ihnen durch die Auswahl und Beteiligung in den Kursen möglich war, selbst aktiv zu werden.

2. Volksbildung und Universität in der Weimarer Republik

2.1 Selbstverständnis und Funktionszuschreibung des Hochschul− und Volksbildungswesens zwischen Demokratisierung und nationaler Erneuerung

Für die Bemühungen um eine partielle Neugestaltung des Bildungs− und Hochschulwesens in der Weimarer Republik lassen sich zwei Antriebskräfte erkennen. Insbesondere die bis dato unterprivilegierten gesellschaftlichen Schichten leiteten ihre Forderung nach bildungs− und hochschulpolitischen Reformen aus einem umfassenden Demokratiepostulat ab. Stärkere Impulse gingen jedoch von dem Bestreben um eine "geistig−sittliche Wiedergeburt" der Nation aus. Nach der militärischen Niederlage erinnerte man sich, "daß Macht und Größe einer Nation nicht auf der Zahl der Streiter und der Schärfe des Schwertes, sondern in der Fülle der geistigen und sittlichen Kräfte ruht" (Menzel 1919, S. 3). Ähnlich wie nach dem Zusammenbruch Preußens im Jahre 1806 erhoffte man sich von einer Erneuerung des Erziehungs− und Bildungswesens eine Überwindung der nationalen Not; man besann sich deshalb der "Kulturstaats−Idee". Carl Heinrich Becker, einer der bedeutendsten Bildungs− und Kulturpolitiker der Weimarer Republik, brachte prägnant zum Ausdruck, worum es ging: "Das Reich braucht in Ermangelung einer militärischen eine *ideelle Hausmacht*" (Hervorhebung im Original, Becker 1919, S. 18).

Im Unterschied zu den aus der Revolution von 1918 hervorgegangenen Ansprüchen der Arbeiterschaft nach strukturellen Wandlungen, konnten sich die durch das Ziel einer nationalen Erneuerung motivierten Anstöße für Veränderungen im Bildungs− und Hochschulwesen auf eine größere soziale Basis stützen. Diese umfaßte auch weite Teile jener Kreise, die der neuen Republik ablehnend oder feindlich gegenüberstanden. Während die Arbeiterschaft und mit ihr die Sozialdemokratie die Chance erkannte, über das Bildungswesen tiefgreifende Reformen in Wirtschaft und Gesellschaft einzuleiten, diente die Bildungspolitik den bürgerlichen und konservativen Kreisen zur Fortsetzung einer Machtpolitik mit anderen Mitteln. Einigkeit herrschte, wenngleich aus unterschiedlichen Gründen, in der Aufmerksamkeit und Wertschätzung, die man diesem Politikbereich entgegenbrachte. Ihr materielles Fundament fanden die politischen Legitimationen in einer rasch steigenden Nachfrage des Wirtschaftssystems nach gut qualifizierten Arbeitskräften. Das Zusammenwirken dieser Faktoren kennzeichnet die günstigen Rahmenbedingungen für bildungspolitisches Handeln in der Weimarer Republik. Die Ausgaben für Bildungspolitik erreichten ein zuvor nicht gekanntes Niveau, das erst wieder mit den Aufwendungen in den 60er Jahren zu vergleichen ist (vgl. Kaelble 1975, S. 137). Die idealtypisch als "Demokratisierung" und "nationale Erneuerung" angesprochenen Tendenzen durchdrangen sich − wie ich anhand der Volksbildung noch aufzeigen werde − sowohl in der Theorie als auch in der Praxis des Bildungswesens aufs engste. Die hieraus erwachsenden Widersprüche sind charakteristisch für diese historische Phase; ein Umstand, den es bei der angemessenen Beurteilung der Epoche zu berücksichtigen gilt.

Ansätze zur Reform des Hochschulwesens

Die Hochschulen waren in der Ära des wilhelminischen Obrigkeitsstaates zu staatsloyalen Anstalten geworden. Im Unterschied zur revolutionären Bewegung von 1848, an der sich viele Professoren und Studenten beteiligten, fand die politische Revolution 1918 ohne die Universitäten statt; diese blieben Träger des Konservatismus und Monarchismus. In den Hochschulen selbst kam es nicht zu einem Prozeß der kritischen Reflektion und Neubestimmung ihrer Stellung und Aufgabe unter den veränderten politischen Bedingungen. Aufgrund des internen Widerstandes der Hochschullehrer waren Pläne zur völligen Umgestaltung des Hochschulwesens und der Errichtung von Arbeiteruniversitäten von vornherein zum Scheitern verurteilt. Aber auch bescheidenere Ansätze zum Abbau sozialer Chancenungleichheit im akademischen Sektor ließen sich nur partiell verwirklichen. Im wesentlichen blieb die Sozialstruktur der Studentenschaft unverändert (vgl. Kraus 1981, S. 147).

Anstöße zur Hochschulreform gingen nicht von den Hochschulen, sondern vom Staate aus. Insbesondere der preußische Kultusminister C.H. Becker versuchte in Anlehnung an Humboldt die klassische Universitätsidee neu zu beleben. Einen zentralen Stellenwert nahm dabei die kompensatorische Funktion der Universitätsreform ein; die Nation sollte durch wirtschaftliche Erfolge zu neuem Ansehen gelangen. Becker setzte sich dafür ein, in den Universitäten, die nahezu ausschließlich zu berufsvorbereitenden Beamten – und Gelehrtenschulen geworden waren, die allgemeinbildenden Aufgaben wieder stärker in den Vordergrund zu rücken. Dem Ressortdenken im Wissenschaftsbereich sowie der Dominanz der beruflichen Verwertungsinteresssen sollte durch übergreifende Synthesen begegnet werden: "Zur Erziehung unseres partikularistischen, um nicht zu sagen privatwirtschaftlichen Denkens und Fühlens zum Allgemeinen und Universellen brauchen wir Synthese, die Synthese auf jedem Fachgebiet, wie die Synthese unserer gesamten Wissenschaft" (Becker 1919a, S. 3).

An die Stelle, die ehemals die Philosophie wahrgenommen hatte, sollten nun als funktionale Äquivalente die Förderung synthetisierender Wissenschaftsdisziplinen wie Soziologie, Politik und Zeitgeschichte, ein obligatorisches "studium generale", das politische Semester bzw. eine Bildungs – oder Artistenfakultät treten. Der Versuch, diese Reformideen in den Hochschulen auch durchzusetzen, blieb Stückwerk.

Mehr Erfolg war den Bestrebungen beschieden, eine Gleichberechtigung von Technischen Hochschulen und Universitäten zu verwirklichen. Dem allgemeinen Grundsatz folgend, einer zunehmenden Tendenz nach Spezialisierung durch Synthese entgegenzuwirken, wurden Versuche zur Vereinheitlichung der Bestimmungen und Regelungen im Hochschulwesen unternommen sowie eine große Anzahl von Fachhochschulen in das Hochschulwesen integriert. Die hochschulpolitische Maxime, auf Zusammenschlüsse statt Separierung hinzuwirken, beschränkte sich allerdings nur auf schon bestehende Institutionen. Das entschiedene Engagement von Becker für eine akademische Ausbildung von Volksschullehrern führte schließlich zur Gründung eines neuen Hochschultypus, der "Pädagogischen Akademie", deren volle Integration erst ein gutes halbes Jahrhundert später realisiert werden sollte. Während der Weimarer Republik war den bildungspolitischen Reformen im Hochschulbereich insgesamt wenig Erfolg beschieden. Prahl (1978, S. 300) kommt in seiner Analyse zu dem Ergebnis, daß "sich die weitreichenden inhaltlichen Reformansätze dieser Zeit im wesentlichen auf eine Reform der Statuten" beschränkten, die zudem überwiegend nicht von politischen, sondern organisatorischen und finanziellen Prämissen geleitet waren. Die Gründe für das Scheitern einschneidender Reformen lagen in:

— den persönlichen Widerständen der Hochschullehrerschaft gegen jegliche Demokratisierungsbestrebungen,

— den durch Wirtschaftskrisen, Inflation und Kriegsfolgen eingeschränkten finanziellen Handlungsspielräumen sowie

— einer staatlichen Hochschulpolitik, die mit ihrer Besinnung auf den humanitären Gehalt der Humboldtschen Universitätskonzeption eine unzulängliche Antwort auf die realen Entwicklungen der Universitäten zum wissenschaftlichen Großbetrieb sowie die zunehmende Verpflechtung von Wirtschaft und Hochschule formulierte.

Im Unterschied zum Schulwesen, in dem eine Reihe wichtiger Reformen realisiert werden konnte, blieb die Hochschule ein Hort konservativer Kräfte. Weder die Demokratisierung noch die Wiederbelebung des Humboldtschen Universitätsideals ließen sich verwirklichen. Dies führte zwangsläufig zu internen und externen Diskrepanzen. Intern war die Institution Universität einerseits von dem Widerspruch geprägt, entgegen dem eigenen Selbstverständnis de facto nicht mehr "universitas", sondern eine Summe von Fachschulen zu sein und andererseits ihren gesteckten Anspruch der Einheit von Wissenschaft und Bildung nicht einlösen zu können. Gesamtgesellschaftlich entstand ein Widerspruch zwischen der politischen Umgestaltung mit ihrem Demokratisierungspostulat und einer unveränderten Ausbildungsfunktion der Hochschule für ein faktisch weiter existierendes ständisch—feudales Herrschaftsgefüge. Die Universität befand sich damit in einer gleich zweifachen Krise ihrer Legitimation.

Zur Aufgabenstellung des Volksbildungswesens

Ähnlich wie im Hochschulwesen wurde auch für das Volksbildungswesen eine nationale Kompensationsfunktion reklamiert. Im Gegensatz zu den Universitäten handelte es sich dabei aber nicht primär um eine staatliche Funktionszuschreibung, sondern um eine Auffassung, die dem Selbstverständnis weiter Volksbildungskreise, insbesondere den Vertretern der 'neuen Richtung', entsprach. Der Beitrag der Volksbildung zur gesellschaftlichen Demokratisierung, wie er speziell in der sozialistischen Arbeiterbewegung zum Ausdruck kommt, trat demgegenüber zurück bzw. wurde hiervon überlagert. Von der großen Bedeutung, die dem Volksbildungswesen zuerkannt wurde, zeugt die Aufnahme eines entsprechenden Paragraphen in die Weimarer Verfassung. In Artikel 148 heißt es dort: "Das Volksbildungswesen, einschließlich der Volkshochschulen, soll von Reich, Ländern und Gemeinden gefördert werden." Welche Erwartungen die Repräsentanten des politischen Systems mit ihrer Unterstützung der Volkshochschule anstrebten, macht ein Erlaß des Preußischen Kultusministers Haenisch vom 25. Februar 1919 deutlich, in dem die Hoffnung zum Ausdruck gebracht wird, "daß die deutsche Volkshochschule als freie Volksbewegung zu ihrem Teil beitragen wird zur Wiedergeburt unseres Volkes". Der Volksbildung und insbesondere der Volkshochschule wurde ein explizit politisches Ziel vorgegeben, nämlich zum Aufbau einer Volksgemeinschaft und verbunden damit, zu einer geistigen und nationalen Erneuerung beizutragen. Die Volkshochschule erhielt die Aufgabe, eine "das ganze Volk umfassende Gemeinsamkeit des geistigen Lebens" zu schaffen (Amtliche Schriftstücke zur Volkshochschulfrage in Preußen, zit. n. Henningsen 1960, S. 136).

Die Institution Volkshochschule sollte die Funktion einer Kulturbewegung übernehmen. In den "Leitsätzen der Reichsschulkonferenz über Volkshochschule und freies Volksbildungswesen" von 1920 wird die Volksbildungsarbeit in den direkten Zusammenhang mit der "seelische(n), geistige(n) und sittliche(n) Not unseres Volkes" gebracht und anschließend konstatiert: "Das letzte Ziel der Volksbildungsarbeit liegt darin, die Vorbereitung für das Entstehen einer wirklichen Volksgemeinschaft zu sein." Diesen Anspruch machten sich die Vertreter der Weimarer Volksbildung zu eigen. Der Hohenrodter Bund, eine Arbeitsgemeinschaft für Erwachsenenbildung, der Volksbildner aus unterschiedlichen weltanschaulichen und politischen Lagern angehörten, stellte in Punkt 1 seiner "vorläufigen Richtlinien" von 1923 fest: "Das freie Volksbildungswesen ist die Auswirkung einer geistigen Bewegung zur Erhaltung und Verjüngung der deutschen Kultur und kein bloß praktischer Betrieb zur Verbreitung von Bildungsgütern. Es will dem Aufbau der Persönlichkeit und dem Werden einer wirklichen Volksgemeinschaft dienen." Die sich wie ein roter Faden durch die Volksbildung während der Weimarer Republik ziehende Tendenz, die Volkshochschule in den Dienst einer geistigen und nationalen Einigung zu stellen, wird in der Formel "*Volk*bildung durch Volks*bildung*" (vgl. Mann 1928, S. 27ff.) zutreffend charakterisiert.

Wie weit die Praxis der Volksbildungsarbeit von der politischen Zielsetzung durchdrungen war, davon zeugt der Begriff der "Arbeitsgemeinschaft". In diesem, dem politischen Bereich entliehenen Ausdruck — E. Rosenstock (1921, S. 191) weist hierauf ausdrücklich hin — verschmelzen die politischen, sozialen und methodischen Dimensionen der Volkshochschulbewegung.[9] Die Arbeitsgemeinschaft sollte in kleinem Kreise das vorwegnehmen, was durch die Volkshochschule auf gesellschaftlicher Ebene angestrebt wurde, nämlich die neue Volksgemeinschaft. Der exemplarische Charakter einer "Volkswerdung im kleinsten Rahmen" (Rosenstock 1922, S. 86) verlieh der Arbeitsgemeinschaft eine avantgardistische Funktion. Angesichts der politischen Instrumentalisierung der Arbeitsgemeinschaft darf ihr methodischer Aspekt nicht vernachlässigt werden. Die Abwendung von einem extensiven Vortragsbetrieb und die Hinwendung zum "geordneten Erfahrungsaustausch Gleichberechtigter unter Leitung des Lehrers" (Weitsch 1926, S. 284), stellt eine bedeutende Innovation in Richtung auf einen teilnehmerorientierten Unterricht dar.

Die eingangs angesprochene egalitäre, auf Demokratisierung ausgerichtete Tendenz realisiert sich im Volkshochschulwesen primär auf methodisch – didaktischer Ebene. Ihre Kennzeichen sind erstens die Überwindung des traditionellen Verhältnisses von Geben und Nehmen, zweitens die Partizipation von Teilnehmern an Auswahl, Planung und Durchführung des gemeinsamen Lehr – Lern – Prozesses sowie drittens eine individuellere und intensivere Form der Bildungsarbeit. Während man die unter dem Stichwort "Arbeitsgemeinschaft" vollzogenen Veränderungen in ihrer pädagogischen Dimension aus heutiger Sicht uneingeschränkt als positiv beurteilen muß, kann den führenden Repräsentanten der 'neuen Richtung' hinsichtlich der von ihnen selbst genährten politischen Erwartung auf eine nationale Kompensationsfunktion der Volkshochschule der Vorwurf nicht erspart bleiben, einer sozial – harmonisierenden, idealistischen Auffassung erlegen zu sein. Der Versuch, durch Volksbildung eine Überwindung bzw. Integration der politischen, ökonomischen und sozialen Gegensätze erreichen zu wollen, ohne gleichzeitig für sozialstrukturelle Veränderungen einzutreten, mußte zwangsläufig zum Scheitern verurteilt sein. Ohne diese Einschätzung inhaltlich abzuschwächen, gilt es doch Aspekte zu erwähnen, die uns die Position der 'neuen Richtung' aus ihrem historischen Kontext verständlicher machen.

Das Vorherrschen volksgemeinschaftlicher und antirationalistischer Strömungen kennzeichnete die Weimarer Epoche allgemein und war keinesfalls auf die Volksbildung beschränkt. Die Tatsache, daß sich gerade die Volksbildung berufen fühlte, "einen neuen Geist zu entzünden, eine neue Volksordnung zu stiften" (Schulenberg 1961, S. 161), hängt u.a. mit ihrem Stand im gesellschaftlichen Bildungswesen zusammen. Die Volkshochschule war eine neu entstandene Institution, die den Beweis ihrer gesellschaftlichen Existenzberechtigung erst noch zu erbringen hatte. In einer Situation, in der die Volkshochschule noch mit der Entwicklung und Klärung ihres eigenen Selbstverständnisses und ihrer Stellung im Bildungswesen beschäftigt war, sah sie sich einem gewissen Legitimationszwang ausgesetzt. Um Eigenständigkeit zu erlangen, mußte sie sich öffentlicher Wertschätzung vergewissern. Damals geschah, was auch heute noch für den quartären Sektor nicht untypisch ist, die Übernahme politisch und gesellschaftlich vorgegebener Aufgabenstellungen und Zielsetzungen zur Begründung eigenen Handelns. Auf die Problematik, die damit verbunden war, wies der Philosoph und Soziologe M. Scheler bereits 1921 hin:

"So sehr hoch wir den *nationalen* Einigungswert der Volkshochschule und ihren Wert für Überbrückung der Klassen–, Partei–, Konfessions– und Stammesgegensätze ansetzen, so hoch wir ferner den politischen Wert ihrer Tätigkeit für das Werden einer neuen deutschen *Demokratie* der Selbtverantwortung und für die sinnvolle Anwendung der neugewonnenen politischen und ökonomi-

schen 'Rechte' einschätzen, so dürfen diese Dinge doch nicht als das *erste* Ziel der Volkshochschule betrachtet werden" (Hervorhebung im Original; Scheler 1926, S. 523).
Die Abkehr von einer ideologisch überhöhten Idee der Volks— bzw. Arbeitsgemeinschaft wurde mit der "Prerower Formel" im Jahre 1931 vollzogen. Mit dieser auch als *'pragmatischen Wende'* der Weimarer Volksbildung gekennzeichneten gesellschaftspolitischen Neuorientierung wird Abschied genommen von bislang gültigen Überzeugungen. Bereits der hier vollzogene begriffliche Wechsel von der Volksbildung zur Erwachsenenbildung und Weiterbildung deutet die veränderte Ausrichtung an. Nicht mehr aus der angestrebten Volksgemeinschaft wird der Erziehungs— und Bildungsauftrag abgeleitet, sondern: "Das Bildungsziel ergibt sich aus der Notwendigkeit der verantwortlichen Mitarbeit aller am staatlichen, gesellschaftlichen und kulturellen Leben der Gegenwart" (Ziffer 2 der Prerower Formel). Wurde zuvor der Bildungsauftrag der Volkshochschule eher absolut gesetzt, so tritt nun die komplementäre und kompensatorische Funktion der öffentlichen Abendvolkshochschule und damit ihre Eingliederung in das Gesamtbildungssystem deutlich zutage. Der endgültige Durchbruch bzw. eine Bewährungsprobe blieb der 'realistischen Wende' der Weimarer Volksbildung aufgrund der politischen Ereignisse versagt.

Von der Ausdehnungsbewegung zur Volkshochschule

In der Phase nach der Revolution von 1918 befinden sich sowohl das Hochschul— als auch das Volksbildungswesen in einer krisenhaften Situation des Umbruchs und der Neubestimmung. Während sich die Universität in einer doppelten Legitimationskrise befindet, die sie von innen und außen bedroht, ringt die neu entstandene Institution Volkshochschule noch um Selbstverständnis und gesellschaftlichen Stellenwert. Aus dieser Situation heraus erscheint es verständlich, daß es in der Weimarer Zeit nicht zu einer ähnlich intensiven Beziehung zwischen Hochschule und Volksbildung kommen konnte, die für die Jahre vor dem Ersten Weltkrieg so typisch war. Anders als im Kaiserreich hatte die Universität inzwischen ihre dominierende Stellung verloren, so daß sich die Beziehung Hochschule — Volksbildung als eine "Relation zwischen zwei veränderlichen und werdenden Größen" (Scheler 1926, S. 490) darstellte. Unter diesen Bedingungen konnte eine "Universitätsausdehnungsbewegung als Grundform der deutschen Volksbildung in der Volkshochschule gar nicht mehr ernstlich in Frage kommen" (ebd.). Dies wurde von den Repräsentanten der Volksbildung ebenso gesehen. Ihre Distanz gegenüber der Universität entsprang nicht so sehr einer generellen wissenschaftsfeindlichen Haltung — wie dies fälschlicherweise oftmals immer noch behauptet wird —, sondern vielmehr aus der Kritik an dem Zustand der Wissenschaft in ihrer speziellen Organisationsform der damaligen Universität.[10] Hinsichtlich der gesellschaftlichen Stellung der Universität kommt Rosenstock (1921, S. 198), der erste Leiter der "Akademie der Arbeit" in Frankfurt am Main und

spätere Professor in Breslau, Cambridge und Harvard, zu folgendem Ergebnis:
"Bis zum Kriege war die Universität fast unbestritten die Quelle der Bildung. In der Alma Mater sammelten sich die Tropfen des Geistes, hier wurden sie gefaßt, um sich dann tausendfältig, durch Bücher, Presse, Oberlehrer, Lehrer ins Volk zu verbreiten. Heut können wir uns auf diesen ihren Standort im Volksganzen kaum noch besinnen. Die Universität ist nur noch eine Bildungsanstalt unter anderen, ihr höchstes die Bekrönung, sicher aber nicht die Quelle des geistigen Volksdaseins."

Für Werner Picht, Referent im preußischen Ministerium für Wissenschaft, Kunst und Volksbildung, ist die Universität schon allein deshalb außerstande die "Forderungen des geistig bedürftigen Laien zu befriedigen" (Picht 1922, S. 211), da sie in der regulären Lehre bereits versagt habe. Neben dieser auf den internen Legitimationsverlust der Universität abzielenden Begründung für die nicht gesuchte Zusammenarbeit mit den Hochschulen, spricht Picht auch die externe Legitimationskrise an, wenn er angesichts der gesellschaftlich erhobenen Forderung nach einer Neuverteilung der materiellen und geistigen Güter die Universitätsausdehnung im nachhinein als einen "inkommensurablen Versuch" kennzeichnet, "in letzter Stunde noch ein Ventil zu öffnen, eine Explosion zu verhindern, wo doch nur völliger Umbau hätte helfen können" (Picht 1926, S. 77).

Die Universitätsausdehnungsbewegung hatte sich sowohl was ihre didaktisch— methodische Ausrichtung als auch ihre sozial— und gesellschaftspolitische Funktion betrifft, überlebt. Die Universität als Träger der Ausdehnungsbewegung befand sich im gesellschaftlichen Abseits; es war jedoch unmittelbar nach dem Ende des Ersten Weltkrieges nichts Vergleichbares an die Stelle dieser Bewegung getreten, obwohl der allgemeine Bildungseifer des Volkes zugenommen hatte. So ist es zu erklären, daß unmittelbar im Anschluß an Krieg und Revolution die Ausdehnungsbewegung neue Teilnehmerrekorde vermelden konnte. Von seiten der Hochschule war teilweise durchaus die Bereitschaft und der Wille vorhanden sich für eine Wiederbelebung bzw. Ausweitung der Vortragskurse einzusetzen. [11]

Ebensowenig wie die Volksbildung generell der Wissenschaft ablehnend gegenüberstand, verschloß sich die Universität prinzipiell ihrer Mitwirkung an der Volksbildung. Mit der Gründung der neuen Institution Volkshochschule brach die Ausdehnungsbewegung dann allerdings in sich zusammen. [12] Das Volk, so urteilt Picht (1926, S. 79) "schafft sich ... neben ihr (Universität, E.S.) und ohne sich weiter um sie zu kümmern seine wissenschaftliche Anstalt". Mit der expliziten Betonung des wissenschaftlichen Charakters wird zum Ausdruck gebracht, daß dem Bedürfnis der Bevölkerung, ihren Wissensdurst an der Quelle zu stillen, entsprochen werden sollte. Hingegen galt es, die wohltätige Attitüde des Darreichens einzelner Erkenntnisbrocken von oben nach unten zu überwinden. Es wird keine neue Wissenschaft, sondern eine neue Art der Hochschule proklamiert, "die *ihrer Idee nach* zweckfreie Bildung auf wissenschaftlicher Grundlage vermittelt, ohne an die Fachlichkeit akademischen Wissens gebunden und mit den beruflichen Schulungsaufgaben der Universität belastet zu sein" (Hervorhebung im Original; Picht 1922, S. 212).

Um zu verdeutlichen, welche Ziele die Einrichtung Volkshochschule verfolgte, will ich exemplarisch einen Blick in die Satzung einer großstädtischen Volkshochschule werfen:

"Die Volkshochschule Groß—Berlin wendet sich, ohne irgendeine Bevölkerungsklasse auszuschließen, in erster Linie an diejenigen Volkskreise von Groß—Berlin, die ihre Bildung in der Volks— und Fortbildungsschule erhalten haben. *Ihr Zweck ist Ausbildung des Denk— und Urteilsvermögens, Ordnung und Deutung und damit Fruchtbarmachung des Wissensstoffes.* Sie bezweckt nicht die Vermittlung von Kenntnissen, d.h. Bildungsrohstoff als solchem; sie soll keine Fachschule sein. Ebensowenig sieht sie ihre Aufgabe in der Zusammenfassung des allgemeinen Vortragswesens, von dem sie sich eben durch die entschiedene Einstellung auf die Bedürfnisse der bezeichneten Kreise unterscheiden will" (Hervorhebung, E.S.; § 2 der Satzung der Volkshochschule Groß—Berlin 1920, S. 8ff.).

Über die Stellung dieser neuen Institution innerhalb des Bildungswesens herrschte allerdings noch Unklarheit. Entgegen dem eigenen Selbstverständnis der Volkshochschule sowie entsprechenden Anträgen in den Verfassungsberatungen, wurde die staatliche Verpflichtung zur Förderung der Volksbildung nicht in Artikel 142 der Weimarer Verfassung über die Freiheit von Kunst und Wissenschaft, sondern innerhalb der Schulartikel verankert (vgl. Lande 1929). Insofern war es dann folgerichtig, auf der Reichsschulkonferenz von 1920 lediglich über "Volkshochschulen und freies Volksbildungswesen" zu sprechen und die angrenzenden Fragen des Hochschulwesens auszuklammern. Diese Einschränkung konnte von den Vertretern der Volksbildung ohne Widerspruch akzeptiert werden, da sie sich von den Universitäten außer dezidiertem Desinteresse bzw. dem Omnipotenzanspruch, die "geistige Leitung" des neuen Volksbildungswesens zu übernehmen (vgl. Wahl 1921, S. 16), keine positiven Impulse versprachen. Daß es durchaus möglich gewesen wäre, Volkshochschule und Hochschule in eine "lebendige Beziehung" zueinander zu setzen, macht Max Scheler (1926) deutlich, der die Forderung nach Volksbildung ganz bewußt in den Zusammenhang mit seinen Gedanken zu einer umfassenden Universitätsreform stellt (vgl. hierzu Kapitel 2.2).

Neben den institutionellen sowie gesellschafts— und bildungspolitischen Gründen für das gegenseitige Auseinanderdriften von Hochschule und Volkshochschule in der Weimarer Republik, gilt es noch den ideengeschichtlichen Aspekt dieser Tendenz zu erwähnen. Keilhacker (1929, S. 100) trifft einen wesentlichen Punkt, wenn er feststellt: "Es war die Tragik der Universitätsausdehnung, daß sie von dem Geiste der Aufklärung getragen ihre Arbeit gerade zu der Zeit begann, als die Zeit der Aufklärung unwiderruflich zu Ende ging". Unter dem Einfluß kulturidealistischer und neuromantischer Strömungen hatte in der Volksbildung die 'neue Richtung' zunehmend an Bedeutung gewonnen. Sie wandte sich gegen die bisher praktizierte *verbreitende* Volksbildungsarbeit, lehnte die Wissensvermittlung, wie sie in der Ausdehnungsbewegung vertreten wurde, ab und forderte statt dessen die Hinwendung zu einer *gestaltenden* Bildungsarbeit (vgl. Hofmann 1925).

Orientierte sich die Ausdehnungsbewegung vor dem Ersten Weltkrieg an dem Beispiel der englischen University—Extension, so prägte die Volksbildung der Weimarer Zeit entscheidend das Beispiel der auf den nationalen Einigungswert setzenden dänischen Heimvolkshochschulbewegung, wie sie von Grundtvig ins Leben gerufen wurde. Hatte bislang die geisteswissenschaftliche Strömung der Aufklärung die Volksbildung in Deutschland nachhaltig geformt, so vollzog sich nun ein Wechsel zum Gedankengut der Romantik mit ihren volkstümlichen, musisch – kulturellen und zivilisationskritischen Intentionen.[13] Im Unterschied zu England, wo sich aus der University – Extension selbst eine Erneuerungsbewegung in Form der 'Tutorial Classes' herausbildete, die den Schritt zur intensiveren und individuelleren Bildungsarbeit vollzog, wurden diese Veränderungen in Deutschland kaum zur Kenntnis genommen. Nicht zuletzt aufgrund einer anderen gesellschaftlichen Stellung der Universität brach man mit der tradierten Organisationsform der Vortragskurse. Die Volksbildung löste sich von der Universität und schuf sich mit der Volkshochschule ihre eigene Institution. Betrachtet man diese Vorgänge unter systemtheoretischer Perspektive, so kann man von einem Prozeß der funktionalen Ausdifferenzierung des Bildungs – und Hochschulwesens sprechen; es entstand der quartäre Sektor des Bildungswesens. Wenn von der Beziehung der Volkshochschule zur Hochschule gesprochen wurde, so geschah dies primär unter dem Vorzeichen einer Emanzipation der Volkshochschule.

2.2 Zwischen Ausgrenzungstendenzen und Eingliederungsversuchen – zur Gestaltung des Verhältnisses von Universität und Volksbildung

Wie die bisherige Analyse des Verhältnisses zwischen Universitäten und freiem Volksbildungswesen gezeigt hat, waren die Voraussetzungen und Bedingungen für eine Kooperation dieser beiden Institutionen in der Weimarer Republik äußerst ungünstig. Beide Sektoren hatten so sehr mit sich selbst zu tun, daß Ansätze einer gegenseitigen Zusammenarbeit die Ausnahme blieben. Mißtrauen bzw. Desinteresse kennzeichneten das Nebeneinander von Universität und Volkshochschule. Dennoch wurden konzeptionelle Vorschläge entwickelt und praktische Versuche unternommen, um zu einer Verbindung von Universität und Volksbildung zu gelangen. Im Vordergrund standen dabei jene Initiativen, die sich auf die organisatorische Ebene des Problems konzentrierten. Vorstöße, die ein inhaltlich verändertes Wissenschaftsverständnis als Klammer zwischen Universität und Volksbildung zum Ziel hatten, traten sowohl was ihre Präzisierung als auch Wirksamkeit anbelangt, dahinter zurück. Ebenso wie die theoretischen wurden auch die praktischen Lösungsvorschläge jeweils vom Engagement einzelner Persönlichkeiten getragen.

Das Modell einer institutionellen Ausdifferenzierung des Bildungs— und Wissenschaftssystems

Auf seiten der Universität nahm sich Max Scheler 1921[14] des Verhältnisses von Universität und Volkshochschule an. Seine umfassenden und detaillierten Vorschläge sind in ihrer institutionellen und organisatorischen Konkretheit von aktueller Bedeutung. Ausgehend von den Widersprüchen des damaligen Hochschulwesens kommt Scheler zu dem Ergebnis, daß es nicht mehr möglich sei, "die alte, selbst schon höchst konzentrierte 'universitas' wiederherzustellen" (1926, S. 504). Für ihn ist es deshalb zwingend notwendig, die grundverschiedenen Aufgaben der Lehre, Forschung und Bildungsvermittlung "auf eine Mehrheit von höheren Bildungsinstituten zu verteilen" (ebd.). In seinem Bemühen, eine neue Gesamtorganisation des Bildungs— und Wissenschaftswesens zu erarbeiten, schlägt Scheler vor, fünf Arten von Unterrichts— und Bildungsinstitutionen zu schaffen, welche jene Aufgaben übernehmen sollen, die bisher der Universität in ihrer Gesamtheit anvertraut waren:

"1. *Die bisherige Universität* wird allmählich zu einem Institut bewußter vorwiegender *Berufs— und Fachschulung* umgebildet.

2. *Forschungsanstalten,* wie solche zum Teil schon bestehen — Kaiser—Wilhelm—Institut in Berlin, Forschungsinstitut für Sozialwissenschaften in Köln, die Forschungsinstitute in Frankfurt, Kiel usw. — , werden, in engerem Zusammenschluß mit den Universitäten und Akademien oder doch Anlehnung an sie neu gegründet.

3. *Anstalten nach Art des College de France* werden errichtet, das heißt Institute, an denen hervorragende Forscher, die eine besondere Begabung für geistige *Synthese* besitzen, Philosophen, Historiker, Kunstgelehrte, Soziologen, Religionswissenschaftler usw., nicht nur den *Studenten* — die neben ihrer Berufsvorbereitung an der Universität gleichfalls diese Institute *obligatorisch* zu besuchen haben — , sondern auch den *älteren* Akademikern der verschiedenen Berufe das Wissen der Zeit, unter Berücksichtigung aller Fortschritte der Forschung, vermitteln — und dies unter dem *Lichte verschiedener Weltanschauungen.*

4. *Selbständige, von der Universität unabhängige Volkshochschulen* werden im Rahmen eines Reichsgesetzes zu bilden sein.

5. Zwischen den in Punkt 3 und 4 genannten Anstalten könnten als Übergang noch '*Akademien politischer und sozialer Wissenschaften*' eingeschoben werden, die sich die besonders bei uns arg vernachlässigte Aufgabe setzten, alles Spezialwissen in den Dienst der öffentlich wichtigen, besonders der politischen Gegenwartsfragen zu stellen. Sie hätten etwa Auslandskunde im Sinne der allseitigen Deskription des Wesens und Aufbaues fremder gleichzeitiger Völker und Staaten zu pflegen, ferner 'Wesen und Geschichte der Presse', Journalistik, Reklame, Parteigeschichte, internationales Arbeiterrecht, Völkerbundsfragen usw." (Hervorhebungen im Original; Scheler 1926, S. 509).

Scheler zielt mit seinem Modell auf eine stärkere interne Differenzierung der Aufgaben des Bildungs— und Hochschulwesens. Sein Verdienst ist es, die sich real abzeichnenden Tendenzen nicht nur erkannt, sondern auch bildungstheoretisch untermauert zu haben. Wenngleich Scheler auf eine explizite Zuordnung der von ihm in seinem Vortrag "Die Formen des Wissens und die Bildung" (1925)[15] unterschiedenen drei Wissensarten (1947, S. 26f.) zu den Bildungsinstitutionen des Strukturmodells verzichtet, so lassen sich doch bestimmte Affinitäten erkennen. Das "Beherrschungswissen", das seine Bedeutung im Hinblick auf die Verfolgung praktischer Ziele und Zwecksetzungen entfaltet, steht in direkter Beziehung zur Berufs— und Fachschulung. Das "Bildungswissen", das durch ein Überschreiten der Grenzen des Faches und ein Knüpfen von Verbindungslinien mit dem "Ganzen der Welt" zur Ausbildung eines Mikrokosmos im geistigen Sein der Person beiträgt, korrespondiert mit dem Streben nach Synthese in den Wissenschaften. Das "Erlösungswissen", das der Gestaltgewinnung und dem Wachstum einer Menschenseele dient und durch welches wir den Zugang zur Teilhabe am "obersten Sein und Grund der Dinge" erlangen, weist eine besonders enge Beziehung zur Volkshochschule auf.

Scheler will die Zielsetzung der Volkshochschule primär auf eine "möglichst klare und scharfe Herausstellung des rein menschlichen und seelischen Erfüllungswertes der hier darzureichenden Wissens— und Bildungsgüter" (1926, S. 523) begrenzt wissen. Hier liegt auch der Grund für die Hervorhebung des besonderen Stellenwertes, der den Weltanschauungsfragen seiner Ansicht nach eingeräumt werden soll. Die von der Volkshochschule zu leistende "Weltanschauungslehre" wird verstanden als rationale Auseinandersetzung mit Wesen und Inhalt der Weltanschauungen, ihren geschichtlichen Wurzeln sowie der Aufdeckung des je hypothetischen Zusammenhanges zwischen Weltanschauung und diesbezüglichen wissenschaftlichen Erkenntnissen. Um Mißverständnissen vorzubeugen weist Scheler ausdrücklich darauf hin, daß nicht Gesinnungsbildung das Ziel der Volkshochschule sein kann und sie unter keinen Umständen zu einer direkten oder indirekten Parteischule herabsinken dürfe. Im Gegenteil, die Konzentration auf die Ansprache der intellektuellen Kräfte führe sie an die Seite der Universität, von der sie sich aber durch den Verzicht auf jegliche Fach— und Berufsausbildung unterscheide.

Vergegenwärtigt man sich, daß die verschiedenen Wissensarten dem Scheler'schen Entwurf zufolge sukzessive aufeinander aufbauen, das Erlösungswissen also das Bildungswissen voraussetzt und dieses wiederum auf den vorherigen Erwerb des Beherrschungswissens angewiesen ist, so erscheint es problematisch, die Volkshochschule ausschließlich auf überutilitaristische Erziehungsziele festzulegen und sie von ihrer Basis einer soliden fachlichen Bildung zu separieren, zumal wenn gleichzeitig — wie Scheler betont — die Volkshochschule an erster Stelle Arbeiterschule sein soll (1926, S. 519). Hier klafft ein Widerspruch, dessen Auflösung mit der partiellen Revidierung des ursprünglichen Zielgruppenanspruchs erkauft wird: "Volkshochschule sein, das heißt sich an eine Aristokratie der Bildungswilligen und —bedürftigen, nicht an die Masse wenden" (1926, S. 524). In diesem Punkt befindet sich Scheler in Übereinstimmung mit Positionen innerhalb der 'neuen Richtung'. Auch Robert von Erdberg, Ministerialrat im preußischen Kultusministerium, war der Auffassung, daß sich die Volkshochschule nur an eine "Auslese aus allen Schichten des Volkes" (Reichsschulkonferenz 1920, S. 727) wenden sollte, die "in gemeinsamer Arbeit mit geistigen Führern nicht Kenntnisse erwerben, sondern Erkenntnisse erarbeiten" (Erdberg 1921, S. 257). Gegen die Tendenz einer Geringschätzung der Wissensvermittlung[16)] und der gleichzeitigen Überbetonung des formalen Bildungsideals, wie es für die Volkshochschulbewegung insgesamt charakteristisch war, wendet sich Herrigel (1919), wenn er zurecht auf die Unmöglichkeit hinweist, "den Ungebildeten unmittelbar, mit Übergehung des konkreten Stoffes, in das formale Denken einzuführen". Neben den Ungleichgewichten zwischen formalem und materialem Bildungsverständnis ist es insbesondere die von Scheler der Volkshochschule zugesprochene Absorptionsleistung hinsichtlich des gesellschaftlichen Bildungsinteresses, die Kritik herausfordert. Nach Scheler (1926, S. 524) soll nämlich "gerade die neue Volkshochschule die Universität davon entlasten, ihre Tore immer noch weiter zu öffnen, als sie sie schon geöffnet hat". Das Streben nach allseitiger Bildung der menschlichen Kräfte wird streng getrennt von jeglichen hieraus erwachsenden Ansprüchen: "Die Volkshochschule darf in keinem Sinne Mittel 'sozialen Aufstiegs' werden" (1926, S. 533). Entgegen seiner eigenen Vorstellung von einer zu schaffenden lebendigen Beziehung zwischen Universität und Volkshochschule lehnt Scheler den Übergang der Volkshochschulbesucher zur Universität strikt ab. Ihre Begründung erhält diese Haltung aus der Überzeugung, daß die Volkshochschule zwar den Auftrag habe, die Arbeiterklasse "geistig zu erfüllen" und "seelisch zu befriedigen", sie es aber vermeiden müsse, Möglichkeiten zu schaffen, sich "vermöge der neuen Bildung in andere Klassen (zu) erheben" (1926, S. 533). Scheler läßt sich hier von konservativen Vorstellungen leiten, denen an einer sozialpolitischen Instrumentalisierung der Volkshochschularbeit im Interesse sozial−harmonisierender und pazifizierender Effekte gelegen ist; theoretisch ist diese Position jedenfalls nicht zwingend. Ganz im Gegenteil, Scheler beraubt die von ihm selbst postulierte "Rückwirkung der Volkshochschule auf die Universität", an die er sogar größere Erwartungen als an die Wirkung der Universität auf die Volkshochschule knüpft (1926, S. 521), so um eine wichtige Dimension. Unter diesem Aspekt ist es dann auch nicht mehr verwunderlich, wenn Scheler in dem Abschnitt über das "Zusammenwirken von Universität und Volkshochschule" lediglich noch von einer "Mitwirkung der Universität am Aufbau und Betrieb der Volkshochschule" spricht. Im einzelnen werden folgende Aspekte dieser Mitwirkung genannt:

"1. Mitwirkung der Universität bei der Schaffung, Erhaltung und Organisation der Volkshochschule;

2. Lehrergestellung aus den Dozenten der Universität;

3. Ausbildung von zukünftigen Lehrern der Volkshochschule an der Universität; Professuren der Pädagogik;

4. vergleichendes Studium des Volksbildungsproblems und Erforschung der soziologischen Bedingungen der Volksbildung durch verschiedene Wissenschaften an der Universität;

5. Möglichkeit der Mitwirkung der Privatdozenten an der Volkshochschule;

6. Mitwirkung der Studenten;

7. volkstümliche, von den Universitäten periodisch zu veranstaltende Kurse neben der Volkshochschule als Fortbildungsmittel für solche, die eine Volkshochschule bereits besuchten;

8. Gegenstände der Volkshochschule und Lehrmittel" (1926, S. 525f.).

Trotz der aufgezeigten Widersprüche in der Gedankenführung Schelers, die wesentlich durch die Verknüpfung theoretischer und sozialpolitischer Argumente verursacht sind, stellt der hier vorliegende Katalog möglicher Kooperationsfelder einen pragmatischen Ansatz für die Inbeziehungsetzung der Systeme Universität und Volkshochschule dar. Die institutionelle Trennung von Universität und Volkshochschule schafft prinzipiell die Voraussetzung für eine von einseitigen Dominanzansprüchen freie Zusammenarbeit, die dem eigenständigen Profil beider Einrichtungen gerecht wird. Problematisch kann die Beziehung zwischen Universität und Volkshochschule allerdings dann werden, wenn das Gefüge der funktional voneinander abgegrenzten Institutionen durch gesellschaftliche und sozialpolitische Interessen hierarchisiert wird. Tendenzen, die in diese Richtung deuten, sind bei Scheler dort angelegt, wo erstens der Volkshochschule eine Mittlerfunktion zwischen den 'höchsten' Forschungs – und Bildungsanstalten einerseits und der Volksschule andererseits zugeschrieben und zweitens nur eine einseitige Durchlässigkeit zwischen Universität und Volkshochschule postuliert wird. Eine der möglichen Folgen davon ist die faktische Annahme der Höherwertigkeit einer bestimmten Wissensform gegenüber einer anderen.[17] Dieser Gefahr gilt es entgegenzuwirken, um die aus der internen Differenzierung erwachsene Chance zu nutzen, das Verhältnis von Wissenschaft und Volkshochschule als eines der wechselseitigen Befruchtung zu konzipieren. Schelers Leistung ist es, hierauf aufmerksam gemacht zu haben.

"Beratungsstellen für Volkshochschulfragen" als organisatorischer Versuch der Inbeziehungsetzung von Universität und Volksbildung

Von staatlicher Seite wurden in der Weimarer Republik durch die Vorgabe institutioneller Strukturen erste Versuche unternommen, eine dauerhafte Verbindung zwischen Universität und Volksbildung zu schaffen. Besondere Bedeutung kommt in diesem Zusammenhang den Bemühungen Werner Pichts zu, der in seiner Funktion als Referent für Fragen der Volksbildung im Preußischen Ministerium für Wissenschaft, Kunst und Volksbildung Ministererlasse erarbeitete, die darauf abzielten, die organisatorischen Strukturen für eine Kooperationsbeziehung zwischen Universität und Volkshochschule zu etablieren. Die Erlasse vom 23. und 30. April 1919 empfahlen die Schaffung von "Beratungsstellen für Volkshochschulfragen" an allen preußischen Universitäten und Technischen Hochschulen.[18] Die Aufgabe dieser Beratungsstellen sollte es sein, "geeignete Lehrkräfte ausfindig zu machen und zu vermitteln und auf Wunsch Volkshochschulunternehmungen sowie Einzelpersonen, die sich fortzubilden wünschen, Rat zu erteilen" (Erlaß vom 30. April 1919); der Schwerpunkt wurde darin gesehen, "auf *Wunsch* der einzelnen Volkshochschulen ihnen die besten und wissenschaftlich wertvollsten Lehrer zu vermitteln" (Hervorhebung im Original; Erlaß vom 23. April 1919). Anläßlich einer Konferenz, auf der die Leiter der Beratungsstellen am 10./11. September 1920 in Kiel zusammentrafen, erläuterte Picht die

Intentionen der Ministererlasse.[19] Die Voraussetzung für jegliche Mitwirkung der Universität an der Volkshochschularbeit sieht er in dem wissenschaftlichen Anspruch der Volkshochschule. Die neu geschaffenen "Beratungsstellen für Volkshochschulfragen" seien als eine "Brücke" gedacht "zwischen der akademischen Welt und der Volkshochschulbewegung, mit der doppelten Bestimmung, die Universität in Volkshochschulangelegenheiten und die Volkshochschule in wissenschaftlichen Fragen zu beraten" (Picht 1926, S. 74). Picht äußert die Hoffnung, diese "Stelle mit doppelter Kompetenz" könnte einer sowohl für die Universität als auch für die Volkshochschule verhängnisvollen Beziehungslosigkeit vorbeugen.

Die Vorteile einer zu etablierenden Wechselbeziehung werden für die Volkshochschule in der Hilfestellung der Universität bezüglich der Qualifikation von Lehrkräften, der wissenschaftlichen Fundierung ihrer Arbeit sowie der Erforschung ihrer Grundlagen gesehen. Größer noch als den der Volkshochschule hieraus erwachsenden Nutzen veranschlagt Picht die von den Volkshochschulen ausgehenden innovativen Impulse für das Hochschulwesen. Effektivität und Wirkungsweise der Beratungsstellen hängen seiner Meinung nach ganz entscheidend von der Persönlichkeit des Leiters ab. Dies ist auch der Grund, warum Picht sich von einem schematisch – statutenhaften Ausbau der Beratungsstellen nichts verspricht. Gemäß der Anlage der Beratungsstellen habe ihr Leiter sowohl innerhalb der Universität als auch nach außen aktiv zu werden. Zu seinen Aufgaben gegenüber der Universität gehöre es, als "Missionar des Volkshochschulgedankens" die "Kräfte der Universität für die Volkshochschule zu erschließen", insbesondere für die Lehrtätigkeit geeignete Kräfte ausfindig zu machen, die "Errichtung von Seminaren für Volkshochschullehrer" anzuregen bzw. selbst ein solches abzuhalten, den Senat in allen die Universität betreffenden Volksbildungsfragen zu informieren und zu beraten, für den Volkshochschulgedanken an der Universität, speziell auch unter der Studentenschaft zu werben und sich schließlich um die Ausstattung der Bibliotheken mit Volksbildungsliteratur zu kümmern. Nach außen habe sich der Berater der Pflege und dem Ausbau der Beziehungen zur Volkshochschulbewegung durch eine entsprechende Förderung der Koordination und Kooperation anzunehmen (Picht 1926, S. 82ff.). Picht betont gerade im Hinblick auf die zuletzt genannte Funktion, daß den Beratungsstellen hier gewisse Beschränkungen auferlegt seien. Der Leiter der Beratungsstelle dürfe zwar von sich aus an die Volkshochschule herantreten und ihr die Hilfsmittel der Universität anbieten, es müsse aber unter allen Umständen der Eindruck vermieden werden, als wolle sich die Universität aufdrängen.

Die Beratungsstellen werden von Picht ausschließlich als Dienstleistungsangebot verstanden, das zu nutzen den Volkshochschulen freisteht. Eine Ansicht, die auch in dem Erlaß vom 30. April 1919 zum Ausdruck kommt; dort ist zu lesen: "Die Veranstaltung von Kursen, Gründung oder Leitung von Volkshochschulen, sowie jede Beeinflussung der Bewegung aus eigener Initiative liegt außerhalb ihrer (Beratungsstelle, E.S.) Zuständigkeit". Dieser Standpunkt wird mit dem Hinweis auf das Selbstbestimmungsrecht der Volkshochschule nachdrücklich betont. Aus eben diesem Grunde gelte es: Erstens jegliche Versuche zu verhindern, die darauf abzielen, die Volkshochschulbewegung von den Universitäten aus leiten zu wollen; zweitens Tendenzen einer organisatorischen Zusammenfassung der Volkshochschulbewegung durch die Beratungsstellen vorzubeugen; drittens Bestrebungen entgegenzuwirken, die darauf abzielen, eine Universitätsstelle zum Träger der Volkshochschulbewegung zu machen (vgl. Picht 1926, S. 84f.). In der Argumentation Pichts kommt das starke Engagement zum Ausdruck, die weitere Entwicklung der Volkshochschulbewegung unter allen Umständen offenhalten zu wollen und diese nicht durch administrative Eingriffe zu gefährden. Mit der Betonung des Prozeßcharakters der Volkshochschulbewegung, wobei der Akzent auf dem Begriff Bewegung liegt, dokumentiert Picht seine enge Verbindung mit der Idee der Volkshochschule, der er sich als ein Repräsentant der 'neuen Richtung' verpflichtet fühlt.

Die Ergebnisse der bereits erwähnten Kieler Tagung fanden ihren Niederschlag in dem Erlaß vom 10. Dezember 1920, der eine Abänderung und Ergänzung der Erlasse aus dem Jahre 1919 darstellt. Statt von "Beratungsstellen für Volkshochschulfragen" wird nun präziser von "Volkshochschulstellen" gesprochen. In ihr sind "die verschiedenen Fakultäten, die Kreise der Hörerschaft der Volkshochschule (...) und die nicht der Universität angehörenden Kreise der Volkshochschullehrerschaft" vertreten (Erlaß vom 10. Dezember 1920).[20] Die genaue Zusammensetzung soll den jeweiligen örtlichen Bedürfnissen entsprechend geregelt werden. Die Volkshochschulstelle steht ihrem Leiter, dem "Berater in Volkshochschulfragen", den Rektor und Senat aus dem Kreise der Hochschullehrerschaft ernennen, unterstützend zur Seite. Im Unterschied zu den Erlassen von 1919 wird jetzt stärker die doppelte nach innen und außen gerichtete Aufgabenstellung des Beraters hervorgehoben; seine Aufgabe wird darin gesehen, "einerseits die Mittel der Universität der Volkshochschule dienstbar zu machen, andererseits die Sache der Volksbildung der Universität gegenüber zu vertreten" (Erlaß vom 10. Dezember 1920). Eine Personalunion von Berater und Volkshochschulleiter wird nicht ausgeschlossen. Ansonsten nimmt der Erlaß die normative Fixierung der bereits referierten Aufgabenbeschreibung des Beraters vor, wie sie im Kieler Referat von Picht zum Ausdruck kommt.

Abgesehen von wenigen Ausnahmen konnten die Volkshochschulstellen entweder den an sie gerichteten Auftrag nicht in dem intendierten Sinne erfüllen, oder es gelang ihnen nicht, ihre Tätigkeit überhaupt aufzunehmen. Der gewünschte Erfog blieb aus. Im Rückblick auf ein Jahrzehnt praktischer Erfahrung mit der neuen Einrichtung kommt Keilhacker (1931, S. 98) zu dem wenig erfreulichen Fazit: "... die offiziellen 'Beratungsstellen' ... führen in der Regel ein ziemlich schattenhaftes Dasein". Zwar sei es gelungen, die ursprünglich starken Spannungen zwischen Universität und Volkshochschulbewegung größtenteils abzubauen, doch sei es nicht geglückt, eine enge Beziehung zwischen beiden Kreisen herzustellen. Nicht anders wird die Lage auch später von Picht beurteilt, der den Mißerfolg unumwunden eingesteht: "Dieser energische Versuch, eine Brücke zwischen Volksbildung und Universität zu schlagen, blieb im ganzen fruchtlos" (Picht 1950, S. 156). Die wesentlichen Gründe für das Scheitern der Initiative sind darin zu sehen, daß die Beratungs— bzw. Volkshochschulstellen mit der ihnen übertragenen komplexen Aufgabe einfach überfordert waren. Das breite Tätigkeitsspektrum, das sich neben bildungspolitischen auch auf organisatorische und praktische Bereiche erstreckte, konnte angesichts der zur Verfügung stehenden materiellen Ausstattung, den vorhandenen personellen Kapazitäten sowie der bewußt gewählten strukturellen Schwebestellung zwischen Universität und Volkshochschule nicht erfüllt werden. Die Bedeutung der Beratungsstellen ist aus historischer Distanz weniger in konkreten Ergebnissen als vielmehr darin zu sehen, daß hier der erste Versuch gemacht wurde, eine Beziehung zwischen Universität und Volkshochschule herzustellen.

Ebenso wie Scheler war auch Picht von der Notwendigkeit einer Zusammenarbeit der Institutionen Volkshochschule und Universität überzeugt. Interessant ist dabei, daß beide übereinstimmend in die von der Volkshochschule auf die Universität ausgehenden Impulse größere Hoffnungen als in die Wirkung der Hochschule auf die Volkshochschule gesetzt haben. Gemeinsam ist beiden Vorschlägen für eine Inbeziehungsetzung der Systeme Universität und Volkshochschule die Konzentration auf die institutionell—organisatorische Ebene des Problems. Ohne daß Scheler und Picht explizit aufeinander Bezug genommen haben, kann sogar von einer gegenseitigen Ergänzung der Ansätze gesprochen werden. Das Konzept der Beratungsstellen setzt genau an dem Punkt an, wo Scheler mit seinem Katalog einer möglichen Mitwirkung der Universität an Aufbau und Betrieb der Volkshochschule seine Überlegungen abschließt. Wenngleich sowohl von Scheler als auch von Picht die institutionelle Eigenständigkeit der Volkshochschule als unbedingt notwendige Voraussetzung für Kooperationsbeziehungen betont wird, so zeichnen sich die Ausführungen Pichts durch eine ganz besondere Sensibilität für die Belange der Volkshochschulbewegung aus. Verständlich wird diese Haltung aus der Stellung Pichts innerhalb der Volkshochschulbewegung. Mit seinem Eintreten für eine Verbindung zur Universität befand er sich im Gegensatz zu jenen Kräften, die eine gänzliche Abwendung von der Universität forderten. Zwischen diesen beiden Positionen standen vermittelnd solche Auffassungen, die sich eine indirekte Annäherung zwischen Universität und Volkshochschule von einem Wandel des Wissenschaftsverständnisses versprachen.

Das Konzept der "Laiengeistigkeit"

Den bedeutendsten Versuch, das Verhältnis Universität — Volkshochschule auf ein neues inhaltliches Fundament zu stellen, legte der damalige Leiter der Volkshochschule Jena und spätere Professor für Pädagogik in Kiel und Hamburg W. Flitner 1921[21] mit dem Konzept der "Laiengeistigkeit" vor. In seiner Analyse des Bildungswesens kommt Flitner zu ganz ähnlichen Ergebnissen wie Scheler. Auch er kritisiert die einseitige Ausrichtung der intellektuellen Betätigung im geistigen Leben: "Die vorwiegend wissenschaftliche Bildung, die unter Verlust wahrer Menschenbildung sich erhält, hat uns seelisch leer gelassen und betrügt um den letzten Sinn unseres Daseins" (Flitner 1931, S. 45). Insofern ist es für Flitner zwar verständlich, daß irrationalistische und wissenschaftsfeindliche Strömungen aufkommen mußten; er warnt aber gleichzeitig davor, den historischen Zusammenhang von "Entgeisterung der Welt" und Zerstörung des mythischen Denkens auf der einen Seite sowie den Aufstieg der positiven Wissenschaften auf der anderen Seite als ein zeitlich invariantes Bedingungsverhältnis zu betrachten. Mit aller Entschiedenheit verteidigt Flitner die positiven Errungenschaften der Aufklärung und verkündet sogar den Eintritt in eine neue Epoche der Aufklärung. Nachdem in der ersten Phase die schädlichen Wirkungen des alten Zauberglaubens in ihrem sterblichen Teil vernichtet worden seien, werde der zweite Abschnitt "über die Macht und Schaffenskraft des Glaubens aufklären, ... über den Nutzen und die Grenzen des Wissens, über den wahren begrenzten Sinn der Theorie für die Praxis, über die geistige Einfachheit und wahre Gesundheit des Lebens ..." (ebd., S. 50). Von dieser Entwicklung erhofft sich Flitner "eine andere Form der wissenschaftlichen Haltung, der nun ein Zusammenbestehen mit echter Laienbildung möglich ist" (ebd., S. 54). Das Ziel der Laienbildung sieht Flitner in der "Vergeistigung werktätigen Lebens", die er als "Laiengeistigkeit" bezeichnet (ebd., S. 37). Während früher die angewandte chorische Kunst, in Form gemeinsamen Singens und Musizierens sowie durch Kultivierung überlieferter Traditionen zu wahrer Volksbildung als dem "Enthaltensein eines geistigen Lebens im werktätigen" (ebd., S. 7) beigetragen habe, sei heute (1921) der "Zusammenbruch echter Volksbildung" (ebd., S. 10) zu beklagen. Eine neue Art der Laiengeistigkeit könne nur in einer "Lebenspraxis ganz besonderer Art" errungen werden, der pädagogischen Arbeitsgemeinschaft: "Die pädagogischen Gemeinschaften erzeugen von selbst und ganz unmittelbar aus dem Leben neue Ansätze chorischer angewandter Kunst; sie stellen die natürliche Lebenslage dauernd neu her, in der solche Kunst gedeiht" (ebd., S. 38f.). Die besondere Bedeutung, die der Kunst für die Herausbildung einer Laiengeistigkeit bei Flitner zugemessen wird, erklärt sich aus seiner Überzeugung, "daß Kunst uns total macht" (ebd., S. 41); "total" zu werden, die "Ganzheit des Universums" in uns aufzunehmen, den Makrokosmos im Mikrokosmos abzubilden, gilt ihm als das höchste Bildungsziel. Flitner knüpft an das humanistische Bildungsideal an, will dieses jedoch von seinen sozialen Schranken befreien, die er erstens in der Bevorzugung einer kontemplativen gegenüber einer tätig—praktischen Menschenart und zweitens in der "einseitigen Vorherrschaft des wissenschaftlichen Tuns im geistigen Leben" sieht (ebd., S. 43). Diese Defizite sollen in dem von Flitner geforderten Konzept der "Laiengeistigkeit", das eine "wissenschaftliche Lebensdurchdringung" anstrebt, überwunden werden (ebd., S. 57). Die grundsätzliche Bedeutung der Wissenschaft für die Bildung wird anerkannt, jeglicher Anspruch auf eine beherrschende Stellung jedoch abgelehnt. Die Zielsetzung für Flitner lautet: "Vereinigung von Vernunfthelle und gemeinschaftsgebundener Geistigkeit". Von der wechselseitigen Durchdringung der bislang als Gegensätze verstandenen Prinzipien "Wissenschaft" und "Geistigkeit" unter dem Primat einer allseitigen Bildung, die zu Lebensverständnis und Lebensbewältigung beiträgt, erhofft sich Flitner eine "andere Form der wissenschaftlichen Haltung" (ebd., S. 54).

Der lebenspraktische Ansatz der "Problemwissenschaften"

Mit dieser Erwartung stand Flitner nicht allein, auch Th. Geiger, Geschäftsführer der Volkshochschule Groß–Berlin und später Professor für Soziologie, sah die Zeit einer sich entfaltenden neuen Beziehung zur Wissenschaft herannahen, die durch eine "Wiedergewinnung eines *unmittelbaren* Verhältnisses der breiten Massen zur Wissenschaft" gekennzeichnet sei (Hervorhebung im Original; Geiger 1921a, S. 289). Im Unterschied zu Flitner, der das von ihm selbst als utopischer Entwurf charakterisierte Konzept der "Laiengeistigkeit" aus Überlegungen zur Ziel– und Zweckbestimmung des Bildungssystems abgeleitet hat, stützt sich Geiger in seinen Aussagen auf faktische Entwicklungen innerhalb des Wissenschaftssystems. Geiger bezieht sich insbesondere auf die zunehmende Bedeutung einer synthetischen gegenüber der alten analytischen Richtung innerhalb der Wissenschaft, die nicht zuletzt in der Etablierung neuer wissenschaftlicher Disziplinen wie Biologie, Psychologie und Soziologie zum Ausdruck komme. Diese "Problemwissenschaften", wie er sie nennt, seien "wegen ihrer lebendigen Verhältnisse zur Umwelt mehr als alles andere geeignet, in den breiten Massen des arbeitenden Volkes Wurzeln zu schlagen" (Geiger 1921a, S. 289). Aufgrund des lebenspraktischen Ansatzes der Problemwissenschaften entfalle die Notwendigkeit, diese "popularisieren" zu müssen, da sie ihrem Wesen nach populär seien.

Die historische Entwicklung zeigt, daß Geiger die innovativen Kräfte des Hochschulwesens überschätzt und Flitner die antiwissenschaftliche Grundströmung innerhalb der Volksbildung unterschätzt hat. Die zweifellos vorhandenen inhaltlichen Annäherungstendenzen zwischen Volkshochschule und Hochschule konnten deshalb nicht zum Durchbruch gelangen. Weder das von Geiger postulierte Paradigma synthetisierender Problemwissenschaften trug dazu bei, "die Wissenschaft zu einem Element des persönlichen Innenlebens und Erlebens zu machen" (Geiger 1921a, S. 289), noch Flitners Konzept der "Laiengeistigkeit" konnte den Anspruch der wissenschaftlichen Lebensdurchdringung einlösen.

Der gescheiterte Dialog

Im April 1929 trafen sich an der Universität Heidelberg Hochschullehrer mit Vertretern der Volksbildung, um das Verhältnis von Hochschule und Volkshochschule zu erörtern. Die unter dem Thema "Universität und Volkshochschule" veranstaltete Tagung wurde von der "Studien − und Förderungsgesellschaft des Instituts für Sozial − und Staatswissenschaften an der Universität Heidelberg" in Kooperation mit der vom Hohenrodter Bund getragenen "Deutschen Schule für Volksforschung und Erwachsenenbildung"[22] veranstaltet. Die Teilnehmer setzten sich aus renomierten Wissenschaftlern, den führenden Repräsentanten der Volksbildung sowie den Protagonisten dieser Bewegung zusammen. An dem Versuch, miteinander ins Gespräch zu kommen, beteiligten sich u.a. Theodor Bäuerle, Martin Buber, Wilhelm Flitner, Paul Hermberg, Hermann Herrigel, Karl Jaspers, Alfred Mann, Eugen Rosenstock, Alfred Vierkandt, Alfred Weber, Eduard Weitsch und Erich Weniger. Eine Klärung der Fragen, welche Stellung Hochschule und Volkshochschule im "sozialen Körper" einnehmen sollen und worin die Unterschiede bzw. Gemeinsamkeiten ihres Selbst − und Aufgabenverständnisses bestehen, konnte nicht erzielt werden. Die Gründe hierfür lagen in der mangelnden Verständigung untereinander. Den Vertretern von Universität und Volksbildung fehlte es zum Teil wechselseitig an dem nötigen Problembewußtsein für die Fragestellungen der jeweils anderen Seite. Erschwert wurde der Dialog zusätzlich durch Selbst − und Gegendarstellungen innerhalb der Reihen der Volksbildner sowie Differenzen der Hochschulrepräsentanten untereinander. Schenkt man den Chronisten Glauben, so endete die Konferenz, bei allem gegenseitigen Wohlwollen, in dem Eingeständnis, einander nicht zu verstehen.[23]

2.3 'Lebensordnung' als Paradigma der Vermittlung zwischen Wissenschaft und Alltag

Stand die Universitätsausdehnungsbewegung noch ganz im Zeichen des Primats wissenschaftlichen Wissens, das den Hörern der volkstümlichen Hochschulkurse dargereicht wurde, so kehrte sich in der Volkshochschulbewegung das Verhältnis um; den Erkenntnissen der Wissenschaft wird nur noch insofern Bedeutung beigemessen, als sie zur Durchbildung der Persönlichkeit, der Lebenserfüllung des Individuums beitragen. Es galt, die "Wissenschaft nicht allein um ihrer selbst willen, sondern um des lebendigen Lebens willen zu pflegen" (Geiger 1923, S. 45). Das neue Motto der Volkshochschulbewegung lautete: "Wissen um des Lebens willen" (Picht 1926, S. 80). Die *Lebensordnung* als bildungstheoretisches Paradigma steht dabei außerhalb der Sphären von Wissenschaft und Alltag. 'Lebensordnung' gilt als Topos für die Gewinnung einer persönlichen Gestalt, einer Vergeistigung des alltäglichen Lebens, der Ganzwerdung des Menschen. Das Ziel ist eine über Wissensvermittlung und Utilitätsdenken hinausreichende Wesensbildung. 'Lebensordnung' bedeutet Orientierung an konkreten Lebensfragen, schließt deren Aufklärung und Reflexion aber mit ein. Was ich hier unter dem synthetisierten Prinzip der 'Lebensordnung' zusammengefaßt habe, findet sich in Modifikationen bei allen Theoretikern der 'neuen Richtung'.

"Erdbergs Ausgang von Weltanschauung und Erfahrung der Teilnehmer, Pichts Einstellung des Unterrichts auf lebenswichtige Inhalte, Flitners Laienbildung als Durchgeistigung des werktätigen Lebens, Rosenstock — Huessys Lebensbildung als Antwort auf die gesellschaftliche Not, alle bauen die Wissenschaft nur in die Volksbildung ein, sofern sie bereit ist, auf Lebensfragen zu antworten, das gelebte Leben aufzuklären und zu bereichern, oder eine Not zu wenden" (Röhrig 1972, S. 235).

Mit dem Paradigma der 'Lebensordnung' verfügt die Volkshochschule über "eine geistige Orientierungsmöglichkeit, ein Ausleseprinzip und eine Wertskala der Überfülle des Wissensstoffes gegenüber" (Picht 1922, S. 212f.). Hierin unterscheidet sich die Volkshochschule grundlegend von der Universität. Damit erhält auch das Vermittlungsproblem einen anderen Akzent. Nicht die bloße Umkehrung der in der Ausdehnungsbewegung gültigen einseitigen Orientierung an der Übermittlung wissenschaftlicher Erkenntnisse zugunsten eines ausschließlichen, an subjektiven Interessen und Bedürfnissen ausgerichteten Lernprozesses, sondern die wechselseitige Vermittlung unterschiedlicher Wirklichkeitsdimensionen unter dem Prinzip der 'Lebensordnung', kennzeichnete nun den Bildungsprozeß. Bevor auf die Arbeitsgemeinschaft als dem zentralen Medium des Bildungsprozesses sowie die theoretischen und praktischen Lösungsansätze des Vermittlungsproblems eingegangen wird, will ich mich zuvor mit dem Zusammenhang von Wissenschaft und Bildung befassen.

Bildungswert der Wissenschaft

Gegenstand der Betrachtung war im letzten Abschnitt (vgl. Kapitel 2.2) das Verhältnis der Institutionen Hochschule und Volkshochschule zueinander. Die dabei nur implizit angesprochene Rolle der Wissenschaft für die Bildungsarbeit der Volkshochschule soll uns nun, vor dem Hintergrund der Vermittlungsproblematik, näher beschäftigen. Will man die, der Wissenschaft in der Volkshochschulbewegung zugewiesene Bedeutung verstehen, gilt es die Frage nach dem Bildungswert der Wissenschaft zu stellen. In der von aufklärerischen und humanistischen Strömungen geprägten Universitätsausdehnungsbewegung wurde diese Frage eindeutig positiv beantwortet. Unwissenheit und Bildung galten als einander ausschließende Gegensätze. Dies änderte sich jedoch, als im Zuge der Wiederbelebung romantischen Gedankenguts die aufkommende 'neue Richtung' vehemente Zweifel an der Erscheinungsweise der damaligen Wissenschaft übte:

"Die Wissenschaft hat in Verbindung mit Wirtschaft und Technik ihr ursprüngliches Ziel aus den Augen verloren: das Einzelne als Teil des Ganzen zu erkennen, das Ganze aus seinen Einzelheiten zu verstehen. Sie wurde Dienerin der Wirtschaft auf der einen Seite, andererseits erhob sie sich selbstherrlich über alles geistige Leben" (Geiger o.J., zit. nach Urbach 1971, S. 177).

Die Kritik der Protagonisten der Volkshochschulbewegung richtete sich gegen jene Form einer voraussetzungslosen Wissenschaft, die nicht nur von ihren alten dogmatischen Bindungen befreit, sondern auch jeglicher sittlichen Haltung ledig, den Kontakt zum Leben verloren hat, gleichzeitig jedoch "dem Leben gegenüber mit dem Anspruch, höhere, eigentliche Wirklichkeit zu sein" (Picht 1922, S. 207), auftrat. Eine solche Wissenschaft konnte in den Augen der Repräsentanten der 'neuen Richtung' keinen Bildungswert mehr besitzen. Das bislang gültige Bedingungsverhältnis zwischen Bildung und Wissen war infolge faktischer Funktionsveränderungen der Universität außer Kraft gesetzt worden.

An dieser Stelle ist mit Nachdruck zu betonen, daß die 'neue Richtung' der Wissenschaft zwar äußerst kritisch gegenüberstand, von einer wissenschaftsfeindlichen Einstellung, wie in der Historiographie der Erwachsenenbildung bis auf den heutigen Tag immer wieder behauptet wird, kann jedoch nicht gesprochen werden. Dieser aus einer verkürzten Rezeptionsgeschichte entstandenen wissenschaftlichen Legendenbildung gilt es entschieden entgegenzutreten.[24]

Die Volkshochschule verstand sich explizit als Hochschule und betonte nachdrücklich ihre wissenschaftliche Grundlage. Die uns heute befremdlich anmutende Geringschätzung von utilitaristisch erscheinenden Kursen im Volkshochschulangebot der Weimarer Republik hat hierin ihre Ursache. In den "Richtlinien für den Verband 'Volkshochschule Groß — Berlin'" liest man: "Zur Wahrung des Hochschulcharakters werden etwaige Elementar—, Sprach— und Fachkurse auch äußerlich deutlich erkennbar getrennt von den eigentlichen wissenschaftlichen Hochschulkursen angekündigt und durchgeführt" (zit. nach Geiger 1924, S. 82). Der wissenschaftliche Anspruch der Volkshochschule beschränkte sich jedoch keinesfalls auf formale Aspekte sowie eine an die Wissenschaftsdisziplinen angelehnte Angebotsstruktur. Neben der Anerkennung des praktischen Nutzens wissenschaftlicher Erkenntnisse wird von der Volkshochschulbewegung das Ziel aufrechterhalten, sich an der Wissenschaft bilden zu wollen. Daß dies keinesfalls durch die Anhäufung wissenschaftlicher Resultate geschehen kann, wird dabei nachdrücklich betont:

"Es geht ... an der Volkshochschule unserer Meinung nach nicht darum, die Hörer zur fachlichen Beherrschung irgendeines Wissenszweiges heranzubilden; es geht darum, sie in Geist und Arbeitsmethoden der Wissenschaften, in deren eigentliche Kulturwerte also, einzuweihen, die Hörer dahin zu bringen, daß sie wissenschaftlichen und kulturellen Dingen mit eigenem geschulten Urteil und unabhängig vom Schlagwort gegenübertreten" (Geiger 1921, S. 525).

Von der Einführung in die wissenschaftliche Methode und Denkweise versprach man sich, dem übergeordneten Bildungsziel, einer Bereicherung der Persönlichkeit, näher zu kommen. Dabei wurde in der Praxis durchaus erkannt, daß die Beschäftigung mit der wissenschaftlichen Methodik an den vorherigen Erwerb eines soliden fachlichen Grundwissens geknüpft ist (vgl. Marquardt 1932, S. 124). Konsequenterweise bedeutet dies, für einen methodischen und didaktischen Pluralismus der Arbeitsformen einzutreten.

Die Arbeitsgemeinschaft als zentrales Medium des Bildungsprozesses

Wenngleich der Begriff "Arbeitsgemeinschaft" vielfach als Synonym für die Volks-bildung in der Weimarer Republik steht, so ist es historisch nicht korrekt, die Ar-beitsgemeinschaft als einzig legitime Form der Volkshochschularbeit zu betrachten, wie es in theoretischen Arbeiten, die sich am Idealtypus dieses Leitprinzips orientie-ren, zum Ausdruck kommt. In seinem Aufsatz "Zur Technik des Volkshochschulun-terrichts" beschäftigt sich Weitsch (1926) mit dem "geschlossenen Vortrag", dem "vordenkenden Vortrag" und dem "Rundgespräch" bzw. der "Arbeitsgemeinschaft" als unterschiedlichen didaktisch–methodischen Vorgehensweisen, deren Vor– und Nachteile er in Abhängigkeit von den zu behandelnden Inhalten sowie den Teilneh-mervoraussetzungen diskutiert, ohne dabei die eine oder andere Methode generell zu verwerfen. Genausowenig wie es einen Methodenmonismus gab, kann auch nicht von einer Beschränkung auf eine einzelne Veranstaltungsform gesprochen werden. Wie ein Blick auf die Praxis der Volkshochschule Groß–Berlin zeigt, unterschied man dort dreierlei Kursarten:

"Für Hörer, die von Grund auf beginnen müssen, gibt es einführende Kurse, in denen sie sich mit der schweren Arbeit des Denkens überhaupt und mit dem von ihnen gewählten Wissensfach vertraut machen können. Wer schon ein bescheidenes Maß von Schulung und Denken mitbringt, nimmt an einer Arbeitsgemeinschaft teil; hier gewinnen die Hörer unter Anleitung der Lehrer durch eigene Denkarbeit und in gegenseitiger Aussprache gefestigte Erkenntnisse ... Die Lehrstätte Zentrum ist der Sammelpunkt der fortgeschrittenen Hörer aller Lehrstätten. Dort finden Arbeitsgemeinschaften in kleinerem Kreise statt, die schon ein höheres Maß von Schulung voraussetzen und Euch tiefer in schwierigere Probleme eindringen helfen" (Geiger o.J., zit. nach Urbach 1971, S. 180).

Deutlich kommt hier der sequentielle Aufbau der Kursarten zum Ausdruck; Vortrags-kursen wurde lediglich eine verbreitende Funktion zugewiesen, nämlich zur Arbeits-gemeinschaft hinzuführen.

Die Bevorzugung der Arbeitsgemeinschaft erklärt sich aus der zentralen Rolle, die ihr als Medium des Bildungsprozesses zufällt. In einer Situation, die nicht mehr durch die einseitige Übermittlung gesicherter Kulturgüter, sondern von der wechsel-seitigen Durchdringung unterschiedlicher Wirklichkeitsdimensionen charakterisiert war, trat an die Stelle der Popularisierung die sokratische Methode, das gemeinsame Suchen nach subjektiver Wahrheit im Lehrgespräch (vgl. Radbruch 1919; Richtlinien für die Lehrkräfte der Volkshochschule Groß–Berlin 1920, Punkt 8 zit. nach Urbach 1971, S. 153f.). Die Ursachen für die Hinwendung zu einem betont kommunikativen Ansatz sind nicht so sehr in methodischen Einsichten als vielmehr in sozialen Fakto-ren zu finden. Zu einer Zeit des gesellschaftlichen Umbruchs, die vom Verfall bislang gültiger Normen und Werte geprägt war, manifestierten sich die Suchbewegungen nach den verlorengegangenen Grundlagen der Bildung; sie schufen sich in Form der Arbeitsgemeinschaft eine ihr adäquate Interaktionsbasis. Wesentliche Voraussetzungen für die intendierte kommunikative Selbsterkundung bestanden in der Bereitschaft zum Dialog unterschiedlicher Standpunkte und der proklamierten Fähigkeit zur Selbstreflexion. Der Anspruch, gegenseitig voneinander lernen zu wollen und zu können, galt für Schüler und Lehrer gleichermaßen. Dort wo dies wirklich geschah, läßt sich zurecht von einer Befruchtung der Wissenschaft durch die Volksbildungsarbeit sprechen.[25]

Vergegenwärtigt man sich den reflexiven Charakter der Arbeitsgemeinschaft und das gesteckte Bildungsziel, zur Vergeistigung des Daseins beizutragen, so tritt hier stark der individuelle Aspekt der Volksbildungsarbeit hervor. Das entsprach auch ihrer eigenen Intention. So stellt Erdberg (1921, S. 255) fest: "Die Volksbildungsarbeit kann gar nichts anderes tun, als den einzelnen zu einer inneren ehrlichen Auseinandersetzung mit den geistigen Gütern zu führen. In diesem Sinne spricht die neue Richtung von einem Bildungsziel des einzelnen Menschen schlechthin." Die hier zitierte Passage mag angesichts der vielfach akzentuierten gemeinschaftsbildenden Funktion der Arbeitsgemeinschaft überraschen, doch gerade die Dialektik von Gruppengebundenem und Individuellem war für den konzeptionellen Ansatz der Arbeitsgemeinschaft typisch. Wir haben es hier mit einer zweiten Ebene der Mittlerfunktion der Arbeitsgemeinschaft zu tun. Neben der *inhaltlichen* Vermittlung bildungsrelevanter Methoden, Kenntnisse und Einstellungen wird an dieser Stelle die Aufgabe der *personalen* Verschränkung zweier Lebensdimensionen, der als Einzelwesen und der als Gemeinschaftswesen thematisiert. Wenngleich die Arbeitsgemeinschaft allein schon mit diesen an sie herangetragenen Aufgaben mehr als ausgelastet war, so gab man sich damit dennoch nicht zufrieden. Auf der dritten Ebene ist die Bestimmung der Arbeitsgemeinschaft aufs engste verknüpft mit der im vorletzten Abschnitt (vgl. Kapitel 2.1) herausgearbeiteten einheitsstiftenden nationalen Kompensationsfunktion. Das Ziel war, zu einem *sozialen* Ausgleich und somit zur Neugestaltung des sozialen Lebens zu gelangen. Dabei gab es durchaus Vertreter der Volksbildung, die erkannten, daß "ohne Umgestaltung des Wirtschaftslebens ... sicher kein Neuaufbau der Gesellschaft denkbar" war (Geiger o.J., zit. nach Urbach 1971, S. 174). Die Bemühungen um gerechtere Verteilungsmechanismen im Wirtschaftssystem und die − wie Weitsch (1919) es ausdrückt − "Sozialisierung der Bildung und des Geistes"[26], sollten sich gegenseitig ergänzen. Auf diese Weise knüpfte die Volkshochschulbewegung ihr Schicksal in Selbstüberschätzung der eigenen Möglichkeiten unnötigerweise an gesamtgesellschaftliche Entwicklungen.

Konzeptionen der Vermittlung

Im folgenden will ich mich mit dem Vermittlungsproblem auf der konzeptionellen

Ebene beschäftigen; zu diesem Zweck sollen verschiedene Theoretiker der Weimarer Volksbildung zu Wort kommen, die sich hierzu geäußert haben. Die zu diskutierenden Beiträge sind sowohl hinsichtlich des ihnen vom Autor zugewiesenen Stellenwertes als auch ihrer Ausrichtung (methodisch − praktisch bzw. theoretisch − grundsätzlich) recht unterschiedlich; dennoch können sie keinesfalls als einander gegenseitig ausschließende Ansätze verstanden werden, da sie streckenweise ineinander übergreifen.

Vermittlung als "Umgruppierung des Wissens"

Geiger entwickelte seine didaktisch orientierten Aussagen zum Vermittlungsproblem vor dem Hintergrund des von ihm angestrebten Bildungsziels, die Besucher der Volkshochschule mittels Aneignung methodisch geschulten Denkens zur kritischen Urteilsfähigkeit sowie zur Durchdringung gesellschaftlicher und sozialer Zusammenhänge zu erziehen. Die Volksbildungsarbeit, so Geiger, dürfe nicht der Wissenschaftssystematik folgen, da der Behandlung von Forschungsergebnissen nur die Funktion zufalle, exemplarisch in die Methode der Wissenschaft einzuführen. Es käme deshalb darauf an, das wissenschaftliche Wissen umzugruppieren:

"Er (Volkshochschulbesucher, E.S.) hat es nicht nötig, die *Ergebnisse* der Wissenschaft systematisch zu erlernen; für ihn geht es um die Erfassung der *Erkenntnisse*, um den *Geist* der Wissenschaft; in ihn eindringen kann er nur an Hand einer gewissen Menge von Kenntnissen; sie aber sind dann nur *Mittel* zum *Zweck*, in dem Ausmaß, in welchem sie zu vermitteln sind, durch den Zweck bedingt. Das erfordert eine Neuorientierung des wissenschaftlichen Systems, ein Umdenken, Umformen, Umgruppieren des Stoffes. Das ist die große *wissenschaftliche* Aufgabe des Volkshochschullehrers, die er nicht ernst genug nehmen kann" (Hervorhebung im Original, Geiger 1921, S. 527).

Als Kriterien, an denen sich die "Umgruppierung des Wissens" auszurichten habe, erwähnt Geiger die "Fassungsgabe des Hörers" sowie die Evidenz des Materials nach seinem "typisch − exemplifizierenden Werte" (Geiger 1923, S. 43). Bei der Darstellung der solchermaßen ausgewählten Inhalte käme es darauf an, die Aspekte des Themas aus unterschiedlichen Gesichtspunkten zu beleuchten, um die "Entwicklung einer Erscheinung stets im Zusammenhang mit dem ganzen geistigen und wirtschaftlichen Leben zu zeigen" (ebd.). Geiger begründet sein Plädoyer für ein solchermaßen multi − und interdisziplinäres Vorgehen an anderer Stelle mit dem Hinweis, daß somit einerseits dem Irrtum des Hörers vorgebeugt werde, er erwerbe wissenschaftliches Fachwissen und andererseits durch das Aufzeigen von Querverweisen die Teilnehmer in ihrem Streben nach Urteilsvermögen und Herausbildung des eigenen Standpunktes unterstützt werden (vgl. Geiger 1921b, S. 201). Erwähnenswert scheint mir der Hinweis Geigers, in die Vermittlung wissenschaftlicher Methoden und Kenntnisse wissenschaftsgeschichtliche Aspekte einzubeziehen, um durch das Aufzeigen der Entstehungszusammenhänge bestimmter Erkenntnisse den Prozeßcharakter von Wissenschaft nachvollziehbar zu machen und jeglicher Verdinglichung vorzubeugen. Wenngleich Geiger diesen Aspekt nicht explizit entfaltet, so sind die Bezüge zur genetischen Methode deutlich erkennbar.

Vermittlung als "Übersetzungsproblem"

Bei den Ausführungen Geigers bleibt offen, von welchen Faktoren die "Fassungsgabe der Hörer" im einzelnen abhängt. Obgleich sich Geiger hierzu nicht äußert, könnte man dennoch geneigt sein, das Erkenntnisvermögen als alleinig bedingt durch subjektive Dispositionen und Persönlichkeitsmerkmale zu interpretieren. Daß eine solche Sichtweise dem Vermittlungsproblem nicht gerecht wird, darauf hat Mann, Direktor der Volkshochschule Breslau, hingewiesen. Ausgehend von der Unterscheidung von wissenschaftlichem Denken und Volksdenken analysiert er deren prinzipielle Verschiedenheit als ein Problem divergierender Interpretationsfolien, die nicht ohne weiteres miteinander kompatibel sind. Zunächst handelt es sich für Mann um zwei Denkarten mit je spezifischen Weltbildern. Diese unterschiedlichen Wirklichkeitszugänge zeichnen sich durch die Konstituierung ihres jeweiligen Bedeutungszusammenhanges aus. Zwar eint sie dies strukturell, trennt sie aber zugleich inhaltlich. Deshalb genügt es für Mann auch nicht, lediglich über die Gegenstände der Volksbildung zu reden, es müsse "eben auch über das Denken dieser Gegenstände kritisch gedacht werden" (Mann 1928, S. 35). Praktisch gewendet heißt dies, erst die intensive Beschäftigung mit den Sinnhaltungen seiner Teilnehmer versetzt den Lehrenden in die Lage, didaktisch – methodische Entscheidungen zu treffen. Dennoch bleibt stets ein Rest von Unwägbarem, da das Volksdenken in seiner Komplexität kaum analysierbar ist und sich auch nicht jener methodischen Kontrolle unterwirft, die das wissenschaftliche Denken auszeichnet. Mann sieht deshalb die Notwendigkeit, sich in der Arbeitsgemeinschaft stets aufs neue zu vergewissern, ob auch wirklich alle über denselben Gegenstand reden. Wissenschaft und Volksbildung seien nicht bloß zwei Denkarten, sondern es handele sich um "... 'zwei verschiedene Sprachen', deren Träger man nicht einfach auf gut Glück aneinander geraten und aufeinander einreden lassen darf; vielmehr muß in Fällen solchen Zusammenkommens immer die Übersetzung von der einen in die andere Sprache methodisch ganz sauber und sorgfältig garantiert werden" (Mann 1928, S. 57). Wie eine "Übersetzung" im einzelnen zu leisten ist, bleibt allerdings offen. Die Forderung nach einer wechselseitigen Durchdringung der verschiedenen Sinnhaltungen wird zwar postuliert, ihre Verwirklichung kann methodisch jedoch nicht sichergestellt werden. Manns Gedankengänge erinnern in auffälliger Weise an die aktuellen Diskussionen um Deutungsmuster und das Verhältnis von Wissenschafts – und Alltagswissen; seine Vorreiterrolle ist bei vielen der heutigen Erwachsenenbildungstheoretiker offensichtlich in Vergessenheit geraten. Obwohl wir in der theoretischen Analyse des Problems heute ein weitaus größeres Maß an Präzisierung erreicht haben, ist das damit verbundene praktische Problem, wie mikrodidaktische Studien zur Lehr—Lernsituation eindrucksvoll belegen (vgl. Kejcz et al. 1979/80), weiterhin ungelöst.

Vermittlung als Perspektiv— und Rollenwechsel

Picht, der mit Mann in der Charakterisierung des Vermittlungsproblems zwischen Wissenschaft und Leben übereinstimmt, unterbreitet einen Lösungsvorschlag, der weniger auf das didaktische Arrangement, als vielmehr auf die Verhaltensweisen des Lehrenden in der Arbeitsgemeinschaft abzielt. Von diesem fordert er ein Sichhineinversetzen in den Hörer; der Dozent soll "... seine Gedankengänge wirklich mit denen der Hörer parallel schalte(n), die wissenschaftlichen Probleme einmal statt von der Wissenschaft aus unter dem Blickpunkt des bedürftigen Lebens betrachte(n)" (Picht 1926, S. 81). Mit dieser Empfehlung bringt Picht zum Ausdruck, daß die Relevanzkriterien von Wissenschaft und Leben in der Arbeitsgemeinschaft gleichberechtigt nebeneinander stehen sollen und sich gegenseitig verstehen müssen, um sich wechselseitig befruchten zu können.

Ganz ähnlich wie Picht hat sich zu diesem Problem auch Rosenstock im Zusammenhang mit der Ausbildung des Volksbildners geäußert. Er erhebt die Fähigkeit zum Rollenwechsel zwischen Fachmann und Laie zum entscheidenden Merkmal des Volkshochschullehrers und will daher auch dessen Ausbildung nach diesem Prinzip organisieren:

"Indem der eine Fachmann zum anderen spricht, wird dieser andere Fachmann zum Laien. Er lernt statt zu lehren. Er hört zu, um im nächsten Augenblick wieder seinerseits zu lehren. So aber und nicht anders geschieht die Hervorbringung des Volksbildners, daß er einmal gerade im Augenblicke angestrengter Bildungsarbeit aus einem Fachmann ein Laie wird, und daß er umgekehrt das Urteil eines ebenbürtigen Laien über sich selbst als Fachmann entgegennehmen muß" (Rosenstock 1922, S. 85).

Dieser Gedanke verdient m.E. besondere Beachtung, wurde doch gerade in der Erwachsenenbildungsdiskussion der letzten Jahre die Bedeutung der Persönlichkeit des Lehrenden für den Lernprozeß viel zu gering geschätzt. Um Mißverständnissen vorzubeugen, ich plädiere hier nicht für eine Praxis, in welcher der Dozent in totaler Verkennung des Prinzips der Teilnehmerorientierung seine Rolle als Mittler aufgibt, um gänzlich Teilnehmer zu werden. Die Kunst besteht gerade darin, in seinem Handeln als Lehrender Balance zu halten zwischen Fachmann und Laie, den Übertritt von der einen Rolle in die andere stets aufs neue zu vollziehen, ohne für die Teilnehmer Zweifel daran aufkommen zu lassen, auf welcher Seite des Ufers man sich gerade befindet.

Abschließend soll jenen Hinweisen nachgegangen werden, die ansatzweise darüber Auskunft geben können, wie sich das Verhältnis von Wissenschaft und Lebenspraxis in den Augen der Volkshochschulbesucher darstellte. Da über die eigentliche pädagogische Interaktion nur äußerst wenig bekannt ist, greife ich auf die Informationen bezüglich des Kurswahlverhaltens in Abhängigkeit von sozio—demographischen Merkmalen zurück. Das Ziel der Betrachtung kann es nicht sein, repräsentative Aussagen zu treffen, vielmehr geht es darum, anhand des Fallbeispiels einer großstädtischen Abendvolkshochschule der skizzierten Fragestellung nachzugehen. Gemäß ihrem Selbstverständnis, zweckfreie Bildung vermitteln zu wollen, wandte sich die Volkshochschulbewegung gegen jegliche Art beruflicher Fachbildung. Wenn dennoch von "Berufsentfaltung" als Aufgabe der Volksbildung gesprochen wird, so meint dies etwas anderes, nämlich eine Form der Bildungsarbeit, die sich zum Ziel setzt, ausgleichend auf berufliche Deformationen einzuwirken und Räume zu schaffen für nicht realisierbare Entfaltungsbedürfnisse.[27] Es entspricht also nicht unbedingt utilitaristischen Zielsetzungen, wenn Geiringer eine enge Koppelung von Berufstätigkeit und Kursthema für erstrebenswert hält:

> "Es wird für den Maschinenschlosser interessanter und fördernder sein, zunächst Mechanik und Mathematik zu treiben und nicht etwa Biologie, für den Färber und Bleicher Chemie, für den Elektrotechniker wissenschaftliche Elektrotechnik oder Physik, für den kaufmännischen Angestellten Bankwesen oder Nationalökonomie, für die berufslose Ehefrau Kinderpsychologie oder Nahrungsmittelkunde, für den Gärtner und Landarbeiter Botanik oder Biologie usw." (1921, S. 14).

Inwiefern die Entscheidung der Teilnehmer für ein bestimmtes Kursangebot eher von kompensatorischen oder nicht doch stärker von beruflichen Interessen bestimmt wurde, bleibt zunächst offen. Ein Blick auf die Ergebnisse einer an der Volkshochschule Groß—Berlin Anfang der 20er Jahre durchgeführten Untersuchung soll hierüber nähere Aufschlüsse bringen.[28]

Vergleicht man die Präferenzen für die Vorlesungsfächer zwischen unqualifizierten und qualifizierten Arbeitern, so ergibt sich folgendes: "Die Interessen des unqualifizierten Arbeiters, soweit er überhaupt Besucher der Volkshochschule ist, liegen außerhalb des Berufes in ideellen Sphären" (Engelhardt 1926, S. 319). Dagegen treten bei den Facharbeitern[29] diejenigen Fächer überproportional hervor, "die für die theoretische Fortbildung in dem besonderen Beschäftigungszweig wichtig sind" (ebd., S. 320). Das hier auftretende Phänomen ist keinesfalls so überraschend wie es vielleicht auf den ersten Blick erscheinen mag. Die Differenzen lassen sich mit einem unterschiedlichen Aspirationsniveau der Arbeiter erklären. Während sich die unqualifizierten Kräfte mit ihrer niederen beruflichen Position und gesellschaftlichen Stellung abgefunden haben, keinerlei Chancen für den sozialen Aufstieg durch Qualifikation mehr sehen und infolgedessen ihre Bildungsinteressen auf außerberufliche Handlungsfelder verlegt haben, machen sich die qualifizierten Arbeiter hingegen noch Hoffnungen auf einen sozialen Aufstieg durch den Erwerb zusätzlicher fachlicher Kenntnisse und ergreifen deshalb besonders gern weitere Bildungsangebote, von denen sie sich die Erreichung ihrer beruflichen Ziele versprechen.

Vor dem Hintergrund dieser Interpretation muß es fraglich erscheinen, inwieweit die proklamatorische Ausgrenzung utilitaristischer Bildungsinteressen in der Volkshochschule von ihren Besuchern, zumindest was die männliche Arbeiterschaft betrifft, akzeptiert wurde. Ähnliches gilt auch für die 'Geistesarbeiter'.[30] Die sich bei dieser Gruppe zeigende stärkere Vorliebe für Philosophie dürfte zumindest beruflich mitbedingt sein, entsprechend dem Motto: "Allgemeine Bildung ist berufliche Bildung für die Herrschenden" (Frister 1970, S. 10). Bestätigt wird diese Einschätzung durch einen Blick auf die nach Berufsgruppen differenzierten Kurspräferenzen innerhalb der Gruppe der Geistesarbeiter; auch hier tritt deutlich ein fachlich bedingtes Interesse hervor; Techniker interessieren sich besonders für Naturwissenschaften, Kaufleute stärker für Volkswirtschaft.

Im Gegensatz zu den Männern dominieren bei den Frauen eindeutig die literarisch — ästhetischen Fächer (Musik, Literatur, Philosophie) und zwar unabhängig von der sozialen und beruflichen Stellung der Frauen:

"Die Interessenverteilung bei Frauen entspricht den in bürgerlichen Kreisen geltenden Idealen der allgemeinen Bildung, ganz gleichgültig, ob es sich um proletarische oder bürgerliche Frauen, Arbeiterinnen, Angestellte oder Hausfrauen handelt. Die 'typisch weibliche' Interessenverteilung wird durch Beruf und Klassenlage nur ganz wenig modifiziert. Man kann im Grunde genommen den verschiedenen männlichen Berufstypen nur einen einzigen bloß 'weiblichen' Typus gegenüberstellen" (Engelhardt 1926, S. 332).

Die Frau wird somit zur eigentlichen Trägerin des in der Volkshochschule vorherrschenden Bildungsideals.

Die hier referierten Ergebnisse werfen ein bezeichnendes Schlaglicht auf die Praxis der Volkshochschularbeit. Verallgemeinernd läßt sich feststellen: Mit ihrer sozialen Betonung der allgemeinbildenden Funktion von Bildung orientiert sich die Volkshochschule an bürgerlichen Vorstellungen. Diese Orientierung verhinderte es, dem angestrebten sozialen Ausgleich zwischen Hand — und Kopfarbeit näherzukommen. Doch nicht nur auf dieser Ebene blieb die Vermittlungsaufgabe ein insgesamt noch ungelöstes Problem. Auch inhaltlich traten Diskrepanzen zwischen den Hörerinteressen und dem Bildungsverständnis der Volkshochschule auf. Daß diese Schwierigkeiten erkannt wurden, dafür spricht die mit der Prerower Formel vollzogene 'realistische Wende' der Weimarer Volksbildung, die durch die Aufgabe des Ziels der Volksgemeinschaft sowie die Hinwendung zu Formen beruflicher Weiterbildung charakterisiert ist.

3. Die Anfänge universitärer Erwachsenenbildung in der Bundesrepublik Deutschland

3.1 Erwachsenenbildung und Universität im Zeichen des demokratischen Neubeginns

Nach dem Scheitern sowohl der Universitätsausdehnungsbewegung als auch der Initiativen zur institutionellen Verankerung des Volkshochschulgedankens an den Universitäten in der Weimarer Republik brach der Kontakt zwischen Hochschule und Volkshochschule im Anschluß an die Heidelberger Konferenz von 1929 (vgl. Kapitel 2.2) ab. Die Bemühungen um eine intensivere Beziehung der beiden Bildungssektoren zueinander hatten ein vorläufiges Ende gefunden noch bevor die freie Erwachsenenbildung gleichgeschaltet und die Hochschulen durch nationalsozialistisches Gedankengut ideologisch korrumpiert wurden.

Das Anknüpfen an eine Tradition universitärer Erwachsenenbildung aus der Zeit vor 1933 war deshalb nach dem Zweiten Weltkrieg nicht ohne weiteres möglich. Auch die Voraussetzungen für eine Kooperation gestalteten sich zunächst eher ungünstig. Während die Institution Hochschule mit der Bewältigung ihres nationalsozialistischen Erbes und der Wiederaufnahme des regulären Lehrbetriebes beschäftigt war, stand die Erwachsenenbildung vor der schwierigen Aufgabe, die zerschlagenen Organisationsstrukturen, speziell die Volkshochschule, in Anlehnung an die Weimarer Tradition in kürzester Zeit neu aufbauen zu müssen. Daß es trotzdem schon recht bald zu einer Wiederbelebung der Diskussion um eine Zusammenarbeit von Universität und Erwachsenenbildung kam, erklärt sich aus der Wertschätzung, welche dem Bildungssystem allgemein und einer wissenschaftlich fundierten Erwachsenenbildung insbesondere im Hinblick auf den angestrebten gesellschaftlichen Demokratisierungsprozeß entgegengebracht wurde.

Im folgenden will ich mich damit beschäftigen, in welchem Kontext die Zusammenarbeit auf seiten von Hochschule und Erwachsenenbildung jeweils thematisiert, welche Ziele damit verfolgt und welche organisatorischen Konzepte entwickelt wurden. Zunächst behandle ich die Thematik aus der Perspektive der Hochschule. In einem zweiten Schritt wende ich mich sodann der Erwachsenenbildung zu.

Die Hochschulen zwischen Autonomiestreben und gesellschaftlicher Verantwortung

In ihrer wissenschaftlichen Kapazität durch Emigration und Vertreibung renommierter Wissenschaftler ausgezehrt, mit dem Verfall ihrer ideellen Grundlagen konfrontiert und jeglicher moralischen Legitimation bar, befand sich die Hochschule am Ende des Zweiten Weltkrieges in einer schweren Krise. Die Notwendigkeit einer umfassenden Hochschulreform offenbarte sich unübersehbar. In zahlreichen Gremien, Konferenzen und Tagungen wurden Vorschläge für eine Erneuerung der inneren und äußeren

Verfassung der deutschen Hochschulen entworfen. Erinnert sei an die Schwalbacher Richtlinien (1947), das Gutachten zur Hochschulreform vom Studienausschuß für Hochschulreform (1948), die Empfehlungen der Hinterzartener Arbeitstagungen (1952) sowie die Gedanken zur Hochschulreform des Hofgeismarer Kreises (1956).[31] Die praktischen Auswirkungen blieben jedoch gering; eine radikale Umgestaltung des Hochschulwesens fand nicht statt. Wesentliche Gründe hierfür sind in der Zurückhaltung der Besatzungsinstanzen gegenüber tiefgreifenden Reformen des Bildungs − und Erziehungswesens, den hochschulinternen Widerständen sowie der übereilten Wiedereröffnung der Hochschule zu finden (vgl. Bungenstab 1970, S. 116).

Die Entwicklung des Hochschulwesens im Nachkriegsdeutschland[32] stand unter zwei miteinander konkurrierenden Prinzipien, dem Streben der Hochschule nach relativer Autonomie und ihrer Verpflichtung zur gesellschaftlichen Verantwortung. Geprägt durch die jüngste historische Vergangenheit überwog das Bemühen, die Hochschule frei zu halten von jeglichen staatlichen Eingriffen und Reglementierungen. "Die Hochschulautonomie wurde in den ersten Nachkriegsjahren eher im Gegensatz zu den Auswüchsen des NS − Regimes als aus demokratietheoretischen oder wissenschaftsimmanenten Postulaten begründet" (Prahl 1978, S. 329). Das Bekenntnis zur Demokratie blieb meist rein äußerlich; eine Hochschule, die ihre innere autoritative Struktur restaurierte, konnte nicht den ihr zugewiesenen aktiven Beitrag zur Demokratisierung der Gesellschaft leisten. Die geforderte gesellschaftliche Verantwortung der Hochschule blieb zunächst latent; sie dennoch einzuklagen, wie es in den frühen Dokumenten zur Hochschulreform getan wird, bedeutet, an der Ausbildung einer neuen Bewußtseinsschicht der Hochschule mitzuwirken. Wenngleich diese Kräfte in der frühen Nachkriegsgeschichte nicht zum Durchbruch gelangen konnten, so bereiteten sie doch eine Entwicklung mit vor, die Ende der 60er Jahre, mitbedingt durch wirtschaftliche Krisensymptome und Legitimationsdefizite des politischen Systems, zu einer Wiederaufnahme der Hochschulreformdiskussion führte.

Doch bleiben wir zunächst bei den Hochschulreformideen aus der unmittelbaren Nachkriegszeit. Die Forderung nach gesellschaftlicher Verantwortung der Hochschule wird in diesen Dokumenten zumeist unter dem Stichwort "Hochschule und Öffentlichkeit" behandelt. Die entsprechenden Stellungnahmen sind geprägt von dem Interesse, die Isolierung der Hochschule gegenüber der Gesellschaft zu überwinden und die wechselseitigen Kontakte zu intensivieren. Neben der eher unverbindlichen Empfehlung, die Hochschule zu verpflichten, über ihr Tun öffentlich Rechenschaft abzulegen, wird vorgeschlagen, spezielle Einrichtungen zur Verbindung zwischen Öffentlichkeit und Hochschule in Form von Hochschul−Beiräten zu schaffen, die sich aus Vertretern öffentlicher Körperschaften und Organisationen zusammensetzen sollten (vgl. Schwalbacher Richtlinien 1947, Ziffer V; Gutachten zur Hochschulreform des Studienausschußes für Hochschulreform 1948, Ziffer 3, II).

Während der zuletzt angesprochene Vorschlag, die Verbindung zwischen Hochschule und Gesellschaft herzustellen, eine auf die hochschulinternen Strukturen ausgerichtete Lösungsstrategie darstellt, wurde mit der Forderung nach Mitwirkung der Hochschule an der Erwachsenenbildung, die sich wie ein roter Faden durch die Dokumente der damaligen Zeit zieht, ein neuer Weg aufgezeigt wie die demokratische Verpflichtung der Hochschule gegenüber der Gesellschaft eingelöst werden könnte. Im Unterschied zu den anderen hochschulreformpolitischen Dokumenten, die sich vielfach auf einen diesbezüglichen kurzen Appell an die Hochschule beschränken, widmet sich das vom Studienausschuß für die Hochschulreform 1948 vorgelegte sogenannte "Blaue Gutachten" ausführlich dem Verhältnis von Erwachsenenbildung und Universität. Der Auftrag zur Erstellung des Gutachtens wurde vom Militärgouverneur für die britische Besatzungszone erteilt; zum Vorsitzenden der Kommission wurde H. Everling berufen. Es ist das erste deutsche Gutachten zur Hochschulreform, das sich den Problemen der Erwachsenenbildung in einem eigenen Kapitel annimmt. Ausgehend von der Frage nach den von der Hochschule für die Gesellschaft zu erbringenden Leistungen wird in dem Gutachten betont, daß sich die Hochschule nicht darauf beschränken dürfe, junge Menschen für leitende Tätigkeiten innerhalb der Gesellschaft fachlich zu qualifizieren und menschlich zu bilden, sondern es gelte auch zur "Ausstrahlung wissenschaftlichen Geistes über die Hochschulgrenzen hinaus" (Gutachten zur Hochschulreform vom Studienausschuß für Hochschulreform 1948, S. 9) beizutragen. Möglichkeiten in dieser Richtung tätig zu werden, seien zum einen die wissenschaftliche Fortbildung der Altakademiker und zum anderen die Zusammenarbeit mit den Kräften der Erwachsenenbildung. Ebenso wie in der Erstausbildung käme es in der Erwachsenenbildung allerdings darauf an, die Schranken der rein fachspezifischen Ausbildung zu überschreiten und die Verbreitung positiven Wissens mit einer auf die Ganzheit des Menschen und der Wissenschaft abzielenden umfassenden Bildung zu verbinden.

Die Everling—Kommission leitet die proklamierte Hinwendung zur Erwachsenenbildung aus der genuinen Aufgabenstellung der Hochschule ab, welche "im Dienst am Menschen durch die in wissenschaftlicher Erforschung der Wirklichkeit zu gewinnende Lehre der Wahrheit" (ebd., S. 2) gesehen wird. Diese Formel stellt den Versuch dar, die übergeordneten Prinzipien von Autonomie und gesellschaftlicher Verantwortung aufeinander zu beziehen; die "Verpflichtung der Hochschule gegenüber der Gesellschaft wie diejenige gegenüber der Wahrheit" (ebd.) stehen gleichberechtigt nebeneinander. Ihr gemeinsamer Bezugspunkt ist der "Dienst am Menschen". Dieser Dienst ist nicht auf die Studenten beschränkt, sondern gilt allen Bevölkerungskreisen. Vor diesem Hintergrund ist es nur folgerichtig, wenn im 'Blauen Gutachten' bedauert wird, "daß sich die Hochschulen in Deutschland an den Bemühungen um die Erwachsenenbildung kaum beteiligt haben" (ebd., S. 107).

In der Absicht, die Felder einer möglichen Zusammenarbeit von Universität und Erwachsenenbildung näher zu bestimmen, differenziert die Kommission nach *fachlicher* und *politisch—sozialer* Erwachsenenbildung. Dem ersten Bereich werden die folgenden Angebotsformen zugeordnet:

"1) Erwachsene, die sich in Fächern ausbilden wollen, die sie eigentlich auf der Schule hätten lernen sollen, und die sie aus irgendeinem Grunde verpaßt haben.

2) Erwachsene, die über den Forschritt der Wissenschaft und die Ansichten hervorragender Menschen auf allen Gebieten menschlicher Forschung etwas wissen wollen.

3) Junge Menschen, die in die praktische Arbeit ihres Handwerks eingetreten sind und sich daneben in ihrem eigenen Beruf technisch fortbilden wollen.

4) Altakademiker, die über die Fortschritte ihres Faches auf dem laufenden bleiben wollen" (ebd., S. 105).

Die kompensatorische Erwachsenenbildung der Kategorie 1 wird in keiner Weise als Angelegenheit der Hochschule betrachtet; auch der beruflichen Fortbildung, wie sie in Kategorie 3 beschrieben wird, könnten sich die Universitäten nicht annehmen, hingegen falle den Technischen Hochschulen hier eine gewisse Aufgabe zu. Das eigentliche Betätigungsfeld der Universität sieht die Kommission bei den Formen einer transitorischen[33] Akademikerfortbildung (Kategorie 4) sowie jenen Angeboten, denen ein allgemein komplementäres Bildungsbedürfnis zugrunde liegt (Kategorie 2).

Bedeutend unpräziser fällt die Stellungnahme zu den Aufgaben der Universität bei der politisch–sozialen Erwachsenenbildung aus. Die Ursache hierfür scheint mir – soweit dies aus dem Gutachten selbst zu entnehmen ist – in einer nur schwer nachvollziehbaren Charakterisierung der politisch–sozialen Bildung zu liegen. So wird einerseits eine weder theoretisch noch praktisch zu rechtfertigende starre Koppelung zwischen darbietendem Vortragsstil in der fachlichen Bildung und einem erarbeitenden Vorgehen in der politisch–sozialen Bildung a priori festgesetzt und andererseits jegliche Form der politisch–sozialen Bildungsarbeit in m.E. unzulässiger Weise mit organisationsgebundenem sozialen Engagement verwechselt. Daher ist es nicht weiter verwunderlich, wenn in bezug auf die Mitwirkung der Universität an dieser Form der Bildungsarbeit festgestellt wird: "Die Hochschulen können jedoch dabei nicht die Initiative ergreifen. Ihre Hilfe ist unentbehrlich, aber sie müssen dazu aufgefordert werden. Ihre Sache ist es, der Aufforderung bereitwillig nachzukommen" (ebd., S. 107).

Angesichts dieser Passage drängt sich die Vermutung auf, die Universität solle aus der zuvor betonten Verantwortung partiell wieder entlassen werden. Daß diese Besorgnis nicht ganz unbegründet ist, darauf deuten die weiteren Ausführungen des Gutachtens zu den Sozialakademien hin. In diesen Institutionen, die dem Frankfurter Beispiel folgend nach dem Zweiten Weltkrieg auch in Dortmund und Hamburg gegründet wurden, sieht die Kommission bereits die Manifestation einer um die Aufgaben der Erwachsenenbildung ergänzten und erweiterten Universitätsidee. Gleichzeitig wird aber hervorgehoben, daß diese neu entstandenen Bildungsstätten ihrem Wesen und ihrer Zielsetzung nach von den Universitäten prinzipiell verschieden seien. Die Notwendigkeit einer institutionellen Anbindung der Sozialakademien an die Universitäten wird zwar gesehen, die diesbezüglichen konzeptionellen Vorschläge bleiben jedoch mehr als vage, wenn beispielsweise gefordert wird, daß die neuen Akademien "irgendwie an die Universität angelehnt werden" müssen (ebd., S. 111).

Auch der in diesem Zusammenhang erfolgende Hinweis auf eine organisatorische Angliederung ähnlich der englischen University–Extension ist wenig hilfreich. Hier offenbart sich – wie auch in den abschließenden Empfehlungen des Ausschusses – das prinzipielle Dilemma des 'Blauen Gutachtens': Aus dem eindeutigen Bekenntnis zur gesellschaftlichen Verantwortung der Universität, das seine praktische Spezifikation in der explizit hervorgehobenen Notwendigkeit zur Mitwirkung der Universität an der Erwachsenenbildung findet, werden weder organisatorisch–institutionelle Konsequenzen gezogen noch Konzepte zur Realisierung dieses Auftrages entwickelt. So bleibt es bei eher unverbindlichen, allgemein gehaltenen Forderungen:

"1) Die Hochschulen sollten den Bestrebungen und Experimenten auf dem Gebiete freiheitlicher sozialer Bildung jede mögliche Förderung zuteil werden lassen.

2) Vortragsorganisationen von Hochschulen außerhalb der Hochschulstadt sind zu begrüßen.

3) Fortbildungskurse für Altakademiker sind in allen Fächern erwünscht.

4) An den Universitäten könnte nach dem Muster der Universität Hamburg als Teil ihrer sozialwissenschaftlichen Forschung ein Seminar für Erwachsenenbildung eingerichtet werden.

5) Für einige ihrer besonders begabten Hörer sollten die Sozialakademien einen Zugangsweg zur Hochschule darstellen können, wie es in Hamburg der Fall ist" (ebd., S. 131).

Nur die Empfehlungen 1 und 4 beziehen sich unmittelbar auf eine mögliche Zusammenarbeit von Universität und Erwachsenenbildung. Inwiefern die Forderung nach Fortbildung der Altakademiker (Empfehlung 3) dem Bereich der Erwachsenenbildung zugeordnet wird bzw. eine genuine Aufgabe der Hochschullehre darstellen soll, bleibt offen. Punkt 2 der Empfehlungen nimmt lediglich zu dem bestehenden externen Vortragswesen positiv Stellung, ohne sich jedoch dazu zu äußern, ob und wie dies evtl. in die Hochschule integriert werden kann. Die fünfte Empfehlung verweist auf eine Variante des Zweiten Bildungsweges.

Betrachtet man die Ausführungen zu den Empfehlungen 1 und 4, so fällt deren appellhafter und hypothetischer Charakter auf. In dieselbe Richtung zielt die Kritik von Borinski (1967, S. 395), der den vorsichtigen, "konkreten Forderungen ausweichende(n) Ton" der unterbreiteten Vorschläge tadelt. Einen Schritt weiter geht Lenartz (1949, S. 7) der fürchtet, die wenig differenzierten Empfehlungen könnten bewirken, "daß der Wille zur Zusammenarbeit nur ein theoretischer bleibt". Leider wurde diese skeptische Beurteilung durch die historische Entwicklung bestätigt. Das 'Blaue Gutachten' fand zwar eine breite Resonanz, die praktischen Folgen blieben, von Ausnahmen abgesehen, jedoch aus.

Vorstöße zur Mitarbeit der Universität an der Erwachsenenbildung beschränkten sich zumeist auf Einzelinitiativen. Diese stammen zum Teil bereits aus der Phase vor der Verabschiedung hochschulpolitischer Grundsatzpapiere. Hierzu zählt auch die Gründung des "Erlanger Universitäts–Ausschusses für Volksbildung" im November 1945. Ziel dieses Ausschusses sollte es sein, "die Vorarbeiten für den Aufbau einer umfassenden, intensiven Volksbildungsbewegung" (Erlanger Universitäts–Ausschuß für Volksbildung 1946, S. 4) in die Wege zu leiten. Das zentrale Motiv für dieses Unternehmen entsprang aus der Überzeugung, daß die Universität eine Pflicht habe, "den Boden für demokratisch – kulturelle Weiter – und Neuentwicklung durch pädagogische Mittel bereiten zu helfen" (ebd.). Aus dem Aufgabenkatalog des Erlanger Universitäts – Ausschusses für Volksbildung wird deutlich, daß nicht so sehr die Kooperation mit der Erwachsenenbildung als vielmehr die Dienstleistung der Hochschule für die Erwachsenenbildung angestrebt wurde. Wissenschaftliche Hilfsmittel und Lehrkräfte sollten der freien Volksbildung zur Verfügung gestellt werden, ihre theoretischen Grundlagen erarbeitet und berufene Volksbildungslehrer den Organisationen der Erwachsenenbildung vermittelt werden. Selbst wenn es sicherlich nicht beabsichtigt war, so trägt das Arbeitsprogramm doch unverkennbar charitative Züge. Damit einher geht eine wissenschaftspositivistische Haltung, die dort offen zutage tritt, wo die Universitäten als die "Quellen der Erkenntnis" bezeichnet werden, denen die Aufgabe zukommt, ihre Bildungsergebnisse in die "Welt des gesamten Volkes hinaus(zu)tragen" (Brenner 1947, S. 10f.).

Stellungnahmen, die in eine Zusammenarbeit von Hochschule und Erwachsenenbildung Hoffnungen auf deren sozialintegrative Wirkungen setzen (vgl. Henncker 1951, S. 249), lassen deutliche Parallelen zur Periode vor dem Ersten Weltkrieg erkennen. Es ist nicht zufällig, wenn in den "Empfehlungen der Hinterzartener Arbeitstagungen" im Abschnitt über die Mitwirkung der Hochschulen an der Erwachsenenbildung an erster Stelle von der "Vortragstätigkeit in Gestalt von Hochschulwochen oder Einzelveranstaltungen" gesprochen wird, die es auszubauen gälte, die "Mitwirkung von Hochschullehrern in Arbeitsgemeinschaften" aber dahinter zurücksteht (Probleme der deutschen Hochschulen 1953, S. 27). Zumindest in den ersten Nachkriegsjahren dominiert die Rückbesinnung auf die Tradition der Universitätsausdehnungsbewegung. Dies ist insofern nicht verwunderlich, da an eine vergleichbare Tradition aus der Weimarer Republik nicht angeknüpft werden konnte.

Bei seinem Versuch, eine Bilanz der Entwicklung der Beziehungen zwischen Universität und Erwachsenenbildung am Ende des ersten Nachkriegsjahrzehnts zu ziehen, kommt Fischer (1955, S. 64) zu dem wenig erfreulichen Fazit, "daß die Chancen der Kontaktnahme zwischen Universität und Erwachsenenbildung innerhalb des Gesamtprozesses des deutschen Wiederaufbaus nicht genutzt wurden". Als Indiz für die Richtigkeit dieser ernüchternden Feststellung und gleichzeitig dringenden Appell, Versäumtes möglichst rasch nachzuholen, kann die folgende Passage aus den "Gedanken zur Hochschulreform" des Hofgeismarer Kreises (1956, S. 20) gelesen werden:

"Es wird hohe Zeit, daß sich die deutschen Hochschulen verantwortlich und mit ihrer ganzen geistigen und moralischen Kraft der Erwachsenenbildung außerhalb ihres engeren Bereichs annehmen. Was dies bedeuten könnte, erkennt man beim Blick auf die "extra – mural activities" der englischen Hochschulen. Mit der Beteiligung an Volkshochschulen oder mit sogenannten Hochschulwochen ist diese Pflicht nicht erfüllt."

Diese eindringliche Mahnung blieb zunächst jedoch ungehört.

Der politische Bildungsauftrag der Erwachsenenbildung

Nachdem ich mich dem Verhältnis von Universität und Erwachsenenbildung primär aus der Sicht der Hochschule angenähert habe, soll nun der Frage nachgegangen werden, wie sich die Zusammenarbeit aus der Perspektive der Erwachsenenbildung darstellt. Übereinstimmend wird in beiden Bildungssektoren eine mögliche Kooperation auf dem Feld der universitären Erwachsenenbildung unter die übergeordnete Zielsetzung gestellt, zum gesellschaftlichen Demokratisierungsprozeß beizutragen. Die Beweggründe, mit denen dies geschieht, sind jedoch höchst unterschiedlich. Die Erwachsenenbildung erkennt in der Erziehung zur Demokratie einen genuinen Bildungsauftrag, den sie unter Rückgriff auf wissenschaftliche Erkenntnisse im Interesse einer konkreten persönlichen und gesellschaftlichen Situationsbewältigung zu leisten bereit ist. Ganz anders verhält es sich dagegen bei der Hochschule. Das Demokratiepostulat hat dort einen zweifachen Bezug. Indem sich die Hochschule dazu bereit erklärt, den neuen Erziehungsauftrag anzunehmen, löst sie die Forderung nach der ihr abverlangten gesellschaftlichen Verantwortung partiell ein. Universitäre Erwachsenenbildung bedeutet für sie deshalb auch immer Vergangenheitsbewältigung und Neudefinition ihres eigenen Selbstverständnisses. Dies erklärt, warum die neue Aufgabe nur zögernd akzeptiert wird.

An diesem Punkt setzt deshalb auch die wiederholte Kritik der Erwachsenenbildung ein, die der Hochschule vorhält, "sich mit einer Mauer von Sachlichkeit (zu) umgeben" (Meißner 1953, S. 17). Des öfteren wird auf die extramurale Arbeit der englischen Universitäten hingewiesen und zutiefst bedauert, daß es den deutschen Universitäten ganz im Gegensatz zu den englischen an der entsprechenden Haltung gegenüber der Gesellschaft mangele: "Während dem angelsächsischen Denken die Wissenschaft wandelbares Werkzeug im Dienste des Handelns und Lebens war, wurde im deutschen Denken die Wissenschaft streng vom Leben getrennt, auf sich selbst, auf die Sache und die strenge Methode gestellt" (Blättner 1956, S. 282). Gerade diese Trennung von Wissenschaft und Lebenspraxis wurde beim Wiederaufbau der Erwachsenenbildung nach 1945, die ganz im Zeichen der Weimarer Tradition stand, schmerzlich empfunden. Obgleich das Ziel der Volksgemeinschaft unwiderruflich diskreditiert war, konnte dennoch an der organisatorisch − institutionellen Form der Volkshochschule und der Arbeitsgemeinschaft als methodischer Errungenschaft festgehalten werden.

Das Anknüpfen an die Weimarer Erfahrungen drückte sich auch in einer gewissen personellen Kontinuität aus. Führende Erwachsenenbildner der Weimarer Zeit wie Bäuerle, Borinski, Picht und Weitsch waren zurückgekehrt und beteiligten sich am Neuaufbau der Erwachsenenbildung. Neben dem historischen Strang wurde die Epoche nach 1945 von den Eindrücken geprägt, welche die Emigranten aus dem angelsächsischen und skandinavischen Bereich mitbrachten. Weitere Impulse für den Neubeginn gingen von der Re − education − Politik der Besatzungsmächte aus. Ein rascher Aufbau der Erwachsenenbildung nach dem Kriege war durch die zum Teil späte Rückkehr der Emigranten erschwert. So wurde den deutschen Initiatoren des G.E.R. (German Educational Reconstruction), eines privaten Zusammenschlusses englischer und deutscher Erziehungsfachleute, von den britischen Instanzen die schnelle Rückkehr nach Deutschland verwehrt. Auch bedienten sich die Besatzungsmächte zunächst gar nicht und später erst zögernd dieser Kräfte, da sie der Re–education–Politik kritisch gegenüberstanden. Ihre Auffassung war, "daß das Ziel nicht im Sinne der Re–education eine Umerziehung eines ganzen Volkes bzw. ein Eingriff in die Persönlichkeitsstruktur des deutschen Menschen sein kann, sondern in der konstruktiven politisch–erzieherischen Hilfeleistung beim Wiederaufbau Deutschlands nach dem Zusammenbruch" liegt (Keim/Olbrich 1981, S. 38). Diese Einschätzung bestätigte sich durch die deutlich zutage tretende "Ineffektivität der Erwachsenenbildung als Umerziehungs–Medium" (Bungenstab 1970, S. 132).

Wie die Praxis zeigte, waren die Volkshochschulhörer nicht bereit, Vorlesungen und Kurse mit politischen Themen in größerer Anzahl zu besuchen. Ansätze einer praktischen Zusammenarbeit zwischen Volkshochschule und Hochschule beschränkten sich in dieser Zeit auf eine Zulieferfunktion der Erwachsenenbildung; den Volkshochschulen wurde von den Siegermächten erlaubt, Universitätsvorbereitungskurse durchzuführen, um Ausbildungsdefizite der Kriegsgeneration überwinden zu helfen. Intensivere Formen einer wirklichen Verbindung zwischen Erwachsenenbildung und Universität zu institutionalisieren, wie dies dem G.E.R.–Komitee vorschwebte, gelang allerdings nicht. Die Gründe hierfür sieht Burmeister (1978, S. 246) in der jüngsten historischen Vergangenheit, der negativen Haltung der Hochschullehrer gegenüber der Erwachsenenbildung sowie dem Mißtrauen vieler Erwachsenenbildner gegen die Hochschule. Weitere Ursachen, die einer Realisation diesbezüglicher Intentionen im Wege standen, sind in der Arbeitsüberlastung der Volkshochschulen in der ersten Nachkriegsphase zu sehen. Es galt damals zuallererst den enormen Teilnehmerandrang zu bewältigen; dies absorbierte alle Kräfte der Erwachsenenbildung. Eine Entlastung trat erst mit der Währungsreform ein, die zu einem erheblichen Teilnehmerschwund führte und die Volkshochschulen in große finanzielle Schwierigkeiten stürzte. Jetzt zeigte sich ein anderes Defizit: Nachdem die Versuche zur Wiederbelebung des Hohenrodter Bundes fehlgeschlagen waren, offenbarte sich, daß es der Erwachsenenbildung an einer theoretischen Grundlage fehlte, die es ihr erlaubte, auf festem Fundament stehend, selbstbewußt ihre Aufgabe und Stellung in der Gesellschaft zu definieren und Vorstellungen über eine Kooperation mit den anderen Sektoren des Bildungssystems, insbesondere der Universität, zu entwickeln. Den ersten systematischen Versuch zu einer genuinen theoretischen Fundierung der Erwachsenenbildung legte 1954 Fritz Borinski mit seinem Buch "Der Weg zum Mitbürger" vor. Der aus dem skandinavischen entliehene Begriff des "Mitbürgerlichen" war an der Wende von den 40er zu den 50er Jahren zu einer zentralen Leitkategorie der Volkshochschule geworden, mit dem sich auch schon andere Autoren auseinandergesetzt hatten (vgl. Pfleiderer 1953). Borinski verpflichtet in seinem Ansatz die Erwachsenenbildung auf ihre Verantwortung für die demokratische Entwicklung und gibt ihr damit einen explizit politischen Auftrag:

"Indem die mitbürgerliche Erwachsenenbildung zur Achtung vor den gegebenen Formen und Gesetzen der Demokratie, zum eigenen Urteil, zum selbständig – verantwortlichen Denken und zur 'moralischen Tapferkeit' erzieht, interpretiert sie nicht nur, was andere gesetzt und getan haben, steht sie nicht passiv – ergeben neben dem Raum der politischen Entscheidung, sondern sie nimmt teil an der politisch – sozialen Meinungs – und Willensbildung. Sie wird zu einer aktiven, aufbauenden Kraft der politischen und sozialen Demokratie" (Borinski 1954, S. 16).

Die mitbürgerliche Erziehung versteht Borinski als ein integrales Bildungsprinzip; sie geschieht sowohl durch politische Wissens –, Urteils – und Willensbildung als auch "durch eine allen Lehrgebieten aufgegebene Erziehung der Gesinnung, des Charakters und des Gefühlslebens" (ebd., S. 75). Das besondere Kennzeichen der mitbürgerlichen Erziehung ist ihr ganzheitlicher Charakter. Sie wendet sich gegen jegliche Separierung des Bildungsauftrages in voneinander getrennte Aspekte der fachlichen Qualifizierung, politischen Schulung bzw. psychologischen Betreuung. "Es geht ihr immer um das lebenswahre Ganze der Wirklichkeit – das *ganze* Leben und den *ganzen* Menschen" (Hervorhebung im Original; ebd., S. 123).

Das besondere Verdienst Borinskis besteht m.E. darin, historische Traditionen und aktuelle, aus der politischen, wirtschaftlichen, sozialen und geistigen Lage resultierende Anforderungen an die Erwachsenenbildung zu einem genuinen Ansatz miteinander verbunden zu haben. Mit der Entscheidung für den Begriff der 'Mitbürgerlichkeit' gegenüber dem der 'Gemeinschaft' bei der Bezeichnung seines theoretischen Ansatzes, distanziert sich Borinski von den ins Zwielicht geratenen Inhalten, die in Gestalt der Diskussion um die 'Mächte der Vermassung' die Erwachsenenbildung nach 1945 als dunklen Schatten begleitet hatten. Gleichzeitig gelang es, die mit der Ausrichtung auf das Mitbürgerliche vollzogene Wende zur persönlichen Verantwortung nicht in einen Bildungs – Individualismus abgleiten zu lassen, sondern an das Ganze der Gesellschaft zurückzubinden.

Ungebrochen ist das Verhältnis zur Weimarer Zeit dort, wo das mitbürgerliche Unterrichtsprinzip den partizipativen methodischen Stil der Arbeitsgemeinschaft fortsetzt. Auch bezüglich der Einschätzung, daß für die Erwachsenenbildung Wissensvermittlung nicht zum Selbstzweck werden dürfe, fand sich Borinski im Einklang mit der Weimarer Tradition. Hilfe zum Leben sollte die mitbürgerliche Erwachsenenbildung leisten. Damit entsprach sie einem fundamentalen Bedürfnis der Bevölkerung in einer Zeit geistig – kultureller Neuorientierung. Hilfe zum Leben konnte die mitbürgerliche Bildungsarbeit, nach Auffassung Borinskis, aber nur dann geben, wenn sie den Menschen befähigte, "seine Zeit zu verstehen und sein Schicksal zu meistern, ein Schicksal, das heute ... 'Politik' heißt" (ebd., S. 15). Mit dem deutlichen Bekenntnis zum politischen Bildungsauftrag der Erwachsenenbildung leitete Borinski eine neue Phase der Entwicklung ein.

Während die Volksbildung im Kaiserreich noch streng darauf achtete, jegliche

Inhalte auszugrenzen, die politische und religiöse Themen berührten, wurde in der Weimarer Republik das Neutralitätspostulat zwar aufrechterhalten, einer Auseinandersetzung mit verschiedenen Weltanschauungen aber nicht mehr aus dem Wege gegangen. Läßt sich bereits hier eine gewisse kontinuierliche Entwicklung zur Anerkennung der politischen Dimension der Erwachsenenbildung erkennen, so wurde mit dem nun betonten wechselseitigen Bedingungsverhältnis von Erwachsenenbildung und Demokratie ein weiterer Schritt in dieser Richtung vollzogen. Borinski beschreibt die neue politisch–pädagogische Haltung der Erwachsenenbildung folgendermaßen: "So wie die freie Erwachsenenbildung nur in einer demokratischen Gesellschaft bestehen und gedeihen kann, so kann sie auch nur im mitbürgerlichen Prinzip der Demokratie ihren Sinn finden und erfüllen" (ebd., S. 228).

Die Integrationsleistung der universitären Erwachsenenbildung

In der Charakterisierung der Erwachsenenbildung nach 1945 sind bereits wichtige Positionen umrissen, die für die Neugestaltung der Beziehungen zur Universität in der Folgezeit Relevanz erlangen. Von zentraler Bedeutung ist dabei die veränderte Beurteilung der Rolle der Wissenschaft für den Bildungsprozeß. Einer *wissenschaftskritischen* Haltung in der Weimarer Republik war eine fast schon als *wissenschaftsgläubig* zu charakterisierende Einstellung gewichen. Die Zweifel an dem Stellenwert des positiven Wissens belasteten das Verhältnis zur Universität nicht mehr, im Gegenteil, man konzentrierte sich wieder ganz auf die rationale Erhellung durch die Wissenschaft und glaubte dadurch bildend wirken zu können. Die Epoche nach 1945 stand insofern dem geistesgeschichtlichen Gedankengut der wilhelminischen Ära näher als dem der Weimarer Zeit. Doch es blieb nicht allein bei der Rückbesinnung auf die aufklärerischen Positionen der Ausdehnungsbewegung.

Unter dem Einfluß der Besatzungsmächte, insbesondere in der britischen Zone, sowie den Berichten der aus dem Exil zurückgekehrten Erwachsenenbildner über die Arbeit der Extra–Mural–Departments, wurde an das angelsächsische Vorbild angeknüpft. Das englische Konzept der Tutorial Classes konnte nicht zuletzt deshalb auf fruchtbaren Boden fallen, weil die Konvergenzen mit der Arbeitsgemeinschaft, als der zentralen Leitkategorie der Weimarer Erwachsenenbildung, unverkennbar zutage traten. Anders als zur Weimarer Zeit, in der eine unüberbrückbare Kluft zwischen dem methodisch unreflektierten Vortragsbetrieb der Ausdehnungsbewegung und der intensiven Volksbildungsarbeit in den Arbeitsgemeinschaften zu bestehen schien, konnte nun die Weiterentwicklung der University–Extension, ohne mit der eigenen Tradition brechen zu müssen, positiv aufgenommen werden.

Die Integrationsleistung, die es zu erbringen galt, beschreibt Strzelewicz (1959, S. 3) sehr treffend: "Es kommt ... darauf an, unter Rücksicht auf die methodischen Errungenschaften der 20er Jahre die Kette fortentwickelnd dort wieder aufzunehmen, wo sie den bedeutendsten Repräsentanten der Universitätsausdehnung entglitten ist." Daß dies schließlich gelang, wie die Göttinger Seminarkurse zeigen, darin liegt m.e. das besondere Verdienst der Epoche nach 1945. Es wurde eine Brücke geschlagen, die nicht nur die Erfahrungen aus zwei historisch sehr unterschiedlichen Phasen der eigenen Entwicklung miteinander verband, sondern diese zugleich auch mit den ausländischen Erfahrungen sowie den eigenen aktuellen Situationsbedürfnissen zu integrieren wußte. Hiermit einher ging eine Ausdifferenzierung des Verständnisses von universitärer Erwachsenenbildung.

Beschränkte sich in den vorausgegangenen historischen Epochen die Zusammenarbeit von Universität und Erwachsenenbildung auf eine teils okkasionelle, teils kontinuierliche Mitarbeit der Hochschule an der Volksbildungsarbeit, so tritt neben die volksbildnerischen Aktivitäten außerhalb der Universitätsmauern nun verstärkt die Einsicht in die Notwendigkeit einer Verankerung der Erwachsenenbildung innerhalb der Hochschule (vgl. Lotze 1949, S. 46).

3.2 Intramurale und extramurale Aktivitäten auf dem Feld der universitären Erwachsenenbildung

Das Bemühen um eine Intensivierung der Beziehungen zwischen Erwachsenenbildung und Universität stand in den Jahren nach 1945 vornehmlich im Zeichen einer Verbindung extra– und intramuraler Ansätze. Universitäre Bildungsaktivitäten außerhalb und wissenschaftliche Beschäftigung mit der Erwachsenenbildung innerhalb der Hochschule sollten sich gegenseitig ergänzen, stützen und fördern. Während die Beteiligung der Hochschule bzw. ihrer Vertreter an der Arbeit extra muros bereits in der Ausdehnungsbewegung praktiziert wurde, stellt das Engagement um eine Etablierung der Erwachsenenbildung als Gegenstand wissenschaftlicher Forschung und Lehre ein bis dato latent gebliebenes Entwicklungspotential dar.

Vom intramuralen Engagement zur extramuralen Vermittlungstätigkeit

Mit der zunächst forciert betriebenen Hinwendung zu den intramuralen Aufgaben wurde ein Weg beschritten, den bereits Natorp (1913) mit seiner Forderung, die Volksbildung zum Gegenstand universitärer Forschung zu machen, theoretisch eingeklagt und dessen Praktikabilität H. Heller 1922 durch die Gründung eines "Seminars für freies Volksbildungswesen" an der Universität Leipzig schon bewiesen hatte. Die Favorisierung der intramuralen Ansätze als ein vorbereitender Schritt in Richtung auf das zu realisierende extramurale Angebot resultierte aus der historischen Erfahrung. Zu groß hatten sich die hochschulintern zu überwindenden Widerstände in der Vergangenheit erwiesen, so daß nun eine dem klassischen universitären Selbstverständnis adäquate Lösung gewählt wurde. Blättner (1951, S. 39) formuliert dies so: "Die deutsche Universität könnte es sich, ohne ihrer Tradition untreu zu werden, zur Aufgabe machen, das Gebiet der Volksbildung *wissenschaftlich* zu erforschen" (Hervorhebung im Original). Entsprechende Initiativen, Seminare für Erwachsenenbildung einzurichten, wurden Anfang der 50er Jahre an den Universitäten Kiel, Frankfurt, Berlin und Göttingen unternommen.

Bereits im Jahre 1949 war es Fritz Blättner gelungen, an der Universität Kiel im Rahmen des von ihm geleiteten Pädagogischen Instituts, ein Seminar für Erwachsenenbildung einzurichten. Ein Jahr später erfolgte unter Heinrich Weinstock in Frankfurt die Eröffnung des Seminars für Erwachsenenbildung. In Kiel war man der Überzeugung, daß die Hilfe, welche die Universität der Erwachsenenbildung leisten könne, lediglich durch eine systematische wissenschaftliche Forschung und Lehre auf dem Gebiet der Erwachsenenbildung zu erbringen sei (vgl. Blättner 1956, S. 285). Ganz ähnlich sieht dies auch Fischer (1955, S. 64), der am Frankfurter Seminar lehrte: "Ein auf Kontinuität bedachter Zusammenhang zwischen Universität und Erwachsenenbildung läßt sich ... nur dadurch erlangen, daß eine aus der Initiative der Universität hervorgegangene Einrichtung an dieser Nahtstelle zur Erwachsenenbildung sich im Sinne der Prinzipien akademischen Lebens verwirklicht." Die Frankfurter konzentrierten sich stärker auf die Lehrtätigkeit sowie einige analytische Studien zur ländlichen und großstädtischen Bildungsarbeit; die extramuralen Aktivitäten traten dahinter zurück (vgl. Hennicker 1951, S. 247ff.). Demgegenüber setzte sich Blättner in Kiel explizit dafür ein, in Handlungsforschungsprojekten die organisatorischen und methodischen Probleme von extramuralen Kursen nach dem Vorbild der englischen Tutorial Classes aufzuarbeiten. Nicht nur die Erforschung der, sondern auch die Forschung für die Erwachsenenbildung standen hier im Mittelpunkt. Blättner sah in der Durchführung solcher Modellversuche eine Gelegenheit zur Überwindung jener Schwierigkeiten, die sich einer direkten volksbildnerischen Betätigung entgegenstellten. Er argumentierte deshalb: "Wenn man aber bedenkt, daß die Medizin nicht ohne Kliniken, die Naturwissenschaften nicht ohne Laboratorien zu arbeiten vermögen, darf man *auch den Pädagogen die Möglichkeit zu praktischen Versuchen nicht bestreiten*" (Hervorhebung im Original, Blättner 1951, S. 39). Zu den Forschungsaufgaben des Kieler Seminars zählten neben den Modellversuchen in Form der "Volksbildungsklasse" auch die Bemühungen um eine Theoriebildung zur Erwachsenenbildung. Die Lehraufgaben umfaßten die Heranführung der Studenten sämtlicher Fakultäten an die Fragen der Erwachsenenbildung sowie die Aus− und Fortbildung der Volksbildner (vgl. hierzu Meißner 1953, S. 12ff.; Meißner 1970, S. 688ff.).[34]

Über die angeführten Funktionen in Lehre und Forschung hinaus, entstand aus der Konfrontation mit der Volksbildungspraxis das Bedürfnis und die Notwendigkeit einer Koordinierungsleistung der Universität für die Volkshochschule. Im Einverständnis mit der Senatskommission für Erwachsenenbildung wurde deshalb in Kiel eine Vermittlungsstelle eingerichtet, deren Aufgabe darin bestand, Hochschullehrer für die Mitarbeit in der Volkshochschule zu gewinnen und sie an die örtlichen Volkshochschulen zu vermitteln (vgl. Blättner 1956, S. 287). Interessant an dem Kieler Beispiel ist die Tatsache, daß ausgehend von dem intramuralen Engagement sukzessive eine Ausweitung des Tätigkeitsfeldes bis hin zur extramuralen Vermittlungstätigkeit vollzogen wurde. Durch die strikte Verpflichtung auf die Prinzipien von Forschung und Lehre gelang es einerseits, inneruniversitäre Widerstände einzudämmen und durch die konsequente Absage an die Erstellung eigener Bildungsangebote konnte andererseits jegliche Konkurrenzsituation zur Volkshochschule vermieden werden. Dieser Ansatz war für Erwachsenenbildung und Hochschule gleichermaßen vorteilhaft. Der Erwachsenenbildung eröffnete sich die Chance zur Qualifizierung ihrer Mitarbeiter und zur Realisierung eines attraktiven Programmangebots. Auf seiten der Universität wurde ein neues Forschungsfeld erschlossen, der Praxisbezug hergestellt sowie Formen interdiziplinärer wissenschaftlicher Bearbeitung des Erwachsenenbildungsbereiches angeregt. Am wichtigsten war jedoch die wechselseitige Durchdringung von Theorie und Praxis sowie die daraus für beide Seiten resultierenden Denkanstöße. Ganz ähnliche Erfahrungen mit der Verbindung intra– und extramuraler Aktivitäten machte man in Berlin und Göttingen.

Von extramuralen Veranstaltungen zu intramuralen Aktivitäten

Unter noch günstigeren Bedingungen als in Kiel stand die Arbeit auf dem Sektor der universitären Erwachsenenbildung an der Freien Universität Berlin. Dort wurden seit Anfang der 50er Jahre bereits verschiedene Formen der Außenarbeit praktiziert. Im Sommersemester 1952 fanden die ersten "Abendvorlesungen" statt, ein Jahr später folgten die "Abendvorträge" und 1954 kam es zur Einrichtung eines "Abendstudiums". Die Abendvorlesungen, die sich vornehmlich an Studierende und Akademiker wandten, stellten in gewissem Sinne einen Vorläufer des Kontaktstudiums dar. Mit den ganz in der Tradition der Ausdehnungsbewegung stehenden Abendvorträgen, die aus einer Vortragsreihe von fünf bis zehn einzelnen Veranstaltungen zu einem übergeordneten Thema bestanden, sollte primär die Berliner Bevölkerung angesprochen werden. Das Abendstudium zielte auf den Adressatenkreis der Berufstätigen mit Abitur, denen die Möglichkeit eines Studiums bislang vorenthalten blieb; hier ist die Parallele zu der in jüngster Zeit wieder aufgenommenen Diskussion um ein 'Studium neben dem Beruf' unverkennbar. Die Koordination der extramuralen Aktivitäten, die zum Teil auch innerhalb der Universitätsmauern stattfanden, lag ab 1954 beim Sekretariat für Abendveranstaltungen.

Die Gründe dafür, daß es überhaupt zu den extramuralen Initiativen kam, reichen in die Entstehungsgeschichte der FU zurück. Als im Jahre 1948 die Neugründung der FU Berlin mit amerikanischer Unterstützung vollzogen wurde, geschah dies nicht so sehr in Anlehnung an die deutsche Universitätstradition, vielmehr war die Konzeption einer dem gesellschaftlichen Leben geöffneten Hochschule prägend. Der unmittelbare Anlaß für die Intensivierung der Bemühungen um die universitäre Erwachsenenbildung ging 1951 von der Henry – Ford – Stiftung aus. Eine große Geldspende dieser Organisation war an die Auflage geknüpft, die Voraussetzung für ein Abendstudium für Berufstätige nach amerikanischem Beispiel zu schaffen. Der Versuch mit dem Abendstudium verlief allerdings nicht positiv und mußte 1958 eingestellt werden. Die unreflektierte Orientierung an dem amerikanischen Vorbild verhinderte es, die örtlichen Bedingungen für die Realisierung eines solchen Angebots genau zu überprüfen. Vor allem scheiterte das Abendstudium aber an der nur halbherzigen Verwirklichung des Projekts. Das Abendstudium wurde auf Angebote des Grundstudiums beschränkt; wollten die Teilnehmer einen akademischen Abschluß erreichen, mußten sie vom Abend – zum Tagesstudium überwechseln; dieser Schritt konnte jedoch nur von wenigen vollzogen werden (vgl. hierzu Hirsch 1954, S. 7ff.; Borinski 1971, S. 4f.; Doerry 1971, S. 37ff.).

Offen bleibt die Frage, wie die extramurale Arbeit ausgesehen hätte, ob gar das Experiment mit dem Abendstudium anders verlaufen wäre, wenn die intramurale wissenschaftliche Erforschung der Erwachsenenbildung am Anfang der 50er Jahre über einen, den extramuralen Aktivitäten annähernd vergleichbaren Ausbaustand verfügt hätte. Dies zu realisieren blieb Fritz Borinski vorbehalten, der im Herbst 1956 auf einen Lehrstuhl für Pädagogik mit den Schwerpunkten politische Bildung und Erwachsenenbildung berufen wurde. Unter Borinski vollzog sich in den folgenden Jahren der Aufbau der Abteilung Erwachsenenbildung im Erziehungswissenschaftlichen Institut der FU. Neben seinem Lehrstuhl hatte Borinski zugleich auch das Amt des Senatsbeauftragten für Abendveranstaltungen übernommen. Damit waren die Voraussetzungen für eine besonders enge Verzahnung extra – und intramuraler Aktivitäten geschaffen. Aufgrund seiner bisherigen Biographie war Borinski für diese Aufgabe besonders geeignet. Bis zu seiner Entlassung durch die Nationalsozialisten im Jahr 1933 leitete er zusammen mit Th. Litt das Leipziger Seminar für freies Volksbildungswesen; während des Zweiten Weltkrieges sammelte er in England in der Erwachsenenbildung Erfahrungen u.a. als Tutor der W.E.A. (Workers Educational Association) und wirkte aktiv im G.E.R. – Committee mit (vgl. Kapitel 3.1); nach Deutschland zurückgekehrt, übernahm Borinski die Leitung der Heimvolkshochschule Jagdschloß Göhrde und anschließend der Volkshochschule Bremen.

Nachdem das Abendstudium liquidiert war, konzentrierten sich die extramuralen Aktivitäten einerseits auf öffentliche Vortragsreihen in Form der Abendvorträge und andererseits auf Initiativen zur Institutionalisierung von Universitätskursen, in denen eine intensive an die Idee der Arbeitsgemeinschaft angelehnte Bildungsarbeit geleistet werden sollte, wie sie auch dem Göttinger Seminarkursmodell entsprach. Ein erster Antrag an den Senat, solche Universitätskurse für Berufstätige in Verantwortung und aus finanziellen Mitteln der Universität durch das Sekretariat für Abendveranstaltungen einzurichten, stieß nicht zuletzt aufgrund der Erfahrungen mit dem Abendstudium auf Widerstand. Erst in einem zweiten Anlauf gelang es, Anfang 1959, die Zustimmung zu einem Versuch mit den Universitätskursen zu erhalten. Im Wintersemester 1959/60 fanden die ersten Universitätskurse an Berliner Volkshochschulen statt (vgl. hierzu die Erfahrungsberichte von Jung 1971, S. 75ff. und Borinski 1971a, S. 80). "Damit hatte die Freie Universität Berlin als erste deutsche Hochschule ... die universitäre Erwachsenenbildung als Aufgabe der Universität anerkannt und institutionalisiert" (Borinski 1971, S. 6). In den folgenden Jahren wurden die extramuralen Angebote systematisch erweitert und differenziert. Wegmarken dieser Entwicklung sind die Einführung der 'Internationalen Ferienkurse' nach dem angelsächsischen Vorbild der Summer Schools im Jahre 1964 (vgl. Borinski 1966, S. 293ff.; Schäffter 1971, S. 52), die ebenfalls seit 1964/65 in Berliner Betrieben durchgeführten Kurse (vgl. Bordemann 1971, S. 128ff.) sowie erste Versuche auf dem Gebiet des Kontaktstudiums, speziell der Lehrerfortbildung im Winter 1967/68 (vgl. Büchner 1971, S. 32f.). Die Schwerpunkte dieses vielfältigen Aufgabenspektrums bildeten die Universitätskurse, die Abendvorträge und die 'Internationalen Ferienkurse'. Die organisatorische Durchführung der Angebote lag in den Händen des "Sekretariats für Erwachsenenbildung", das aus dem "Sekretariat für Abendvorlesungen" hervorgegangen war (vgl. Bleek 1971, S. 71ff.).

Borinski erkannte sehr deutlich, daß die Außenarbeit der Universität nur dann den nötigen Rückhalt innerhalb ihrer Mauern finden konnte, wenn es gelang, die extramurale Arbeit theoretisch zu durchdringen (vgl. Borinski 1963a, S. 422). Die Abteilung für Erwachsenenbildung war deshalb bemüht, bei der Erfüllung ihrer Aufgaben in Lehre, Ausbildung und Forschung eine möglichst enge Beziehung zu der praktischen Arbeit des Sekretariats für Erwachsenenbildung aufzubauen. Formen der Kooperation zwischen beiden Einrichtungen wurden auf dem Feld der Weiterbildung von Universitätskurs – Dozenten sowie durch eine Mitwirkung von Angehörigen der Abteilung Erwachsenenbildung an der extramuralen Arbeit realisiert. Olbrich (1971, S. 116) beschreibt das Verhältnis der tendenziell auf Theorie bzw. Praxis verpflichteten Institutionen als eines der dialektischen Verklammerung "von Erkenntnis und Entscheidung, von Reflexion und Handeln".

Wenngleich in Berlin die extramurale Arbeit und in Kiel die intramurale Tätigkeit der Ausgangspunkt für den Versuch einer Wiederaufnahme der Beziehungen zwischen Universität und Erwachsenenbildung war, so verbindet beide Ansätze doch die Erfahrung, daß die entscheidende Voraussetzung für den Erfolg der jeweiligen Bemühungen in der wechselseitigen Einbeziehung und Verknüpfung von theoretischer Forschung und praktischer Bildungsarbeit zu finden ist. Entsprechendes gilt auch für die Göttinger Initiativen, denen ich mich nun zuwende.

Die Durchdringung theoretischer Forschung und praktischer Bildungsarbeit

Wesentlich schwieriger als in Berlin gestalteten sich die Bemühungen um eine dauerhafte Verbindung zwischen Universität und Erwachsenenbildung in Göttingen. Es bedurfte zahlreicher offizieller und persönlicher Kontakte zwischen Vertretern aus Universität, Kultusministerium und Volkshochschulen, ehe es gelang, sich über die Modalitäten einer systematischen und intensiven Mitarbeit der Universität an der Erwachsenenbildung zu verständigen. Im Januar 1956 begannen die ersten elf Seminarkurse in sieben Orten Niedersachsens. An dem Göttinger Beispiel orientierten sich in den folgenden Jahren zahlreiche andere Universitätsstädte. Das Seminarkursmodell war richtungsweisend für die weitere Entwicklung der universitären Erwachsenenbildung in der ganzen Bundesrepublik. Die Göttinger können für sich beanspruchen, den ersten größer angelegten Versuch zu einer Neubelebung der extramuralen Aktivitäten nach dem Zweiten Weltkrieg unternommen zu haben, institutionell voll in die Hochschule integriert wurde die Außenarbeit allerdings zuerst an der FU Berlin; in Göttingen geschah dies bedeutend später.

Im Herbst 1948 wurde vom Rektor der Göttinger Universität eine Kommission ins Leben gerufen, der Universitätsprofessoren sowie Vertreter des Kultusministeriums und der Volkshochschulen angehörten. Mit dieser Arbeitsgemeinschaft "Universität und Volkshochschule" sollte ein Gesprächsforum geschaffen werden, das es erlaubte, die Möglichkeiten für eine wechselseitige Zusammenarbeit zu erörtern. Diesem Zweck diente auch eine Arbeitstagung, die unter dem Thema "Universität und Volkshochschule" im Juni 1949 stattfand.[35] Aus den Kontakten erwuchsen die Pläne, unter Beteiligung Göttinger Soziologen und Pädagogen ein Seminar zur Ausbildung hauptamtlicher Erwachsenenbildner aufzubauen und ein Institut für Erwachsenenbildung mit extramuralen Funktionen zu schaffen (vgl. hierzu Borinski 1949, S. 162f.). Initiativen zur Realisierung dieser Vorhaben wurden zügig ergriffen. Mitte November 1949 nahm das der Heimvolkshochschule Jagdschloß Göhrde angegliederte Seminar zur Ausbildung von Volkshochschullehrern seine Arbeit auf. Im darauffolgenden Jahr legte E. Weniger dem Senat der Göttinger Universität einen Plan zur Errichtung eines "Volksbildungsinstituts der Universität" vor. Der Senat nahm hierzu positiv Stellung und richtete einen entsprechenden Antrag an das Kultusministerium. In dem diesbezüglichen Schreiben des Rektors vom Mai 1950 werden die Tätigkeitsfelder des zu gründenden Instituts wie folgt charakterisiert:

" – Zusammenarbeit mit allen Einrichtungen für Volks– und Erwachsenenbildung im Lande Niedersachsen, insbesondere Heimvolkshochschulen und Abendvolkshochschulen und den Bildungsveranstaltungen der Kirchen und Gewerkschaften und des Landvolks. Das Institut wird die Mitarbeit der Professoren, Dozenten und Assistenten aller Fakultäten an diese Einrichtung vermitteln und die Angehörigen der Universität über die zweckmäßigste Weise beraten.

– Das Institut wird gemeinsame Veranstaltungen von Universität und Volkshochschulen in die Wege leiten, vor allen Dingen Sommerschulen und Ferienkurse, in denen junge Arbeiter und Bauern mit Studenten zusammenleben und sich über drängende Gegenwartsfragen besprechen.

– Das Institut wird Hörern der Volkshochschulen, vor allen Dingen jungen Arbeitern, Bauern und Funktionären der Gewerkschaften und Berufsverbände Gelegenheit geben zu einem Studium auf Gebieten, die ihren Interessenrichtungen entsprechen. Über die Möglichkeit dazu wird das Institut Vorschläge machen, die den deutschen Verhältnissen angepaßt sind. Gedacht ist an eine Gasthörerschaft. Das Institut würde die zentrale Betreuung übernehmen und die Gasthörer in der Gestaltung des Studiums beraten." (Schreiben des Rektors der Georg–August–Universität an den Niedersächsischen Kultusminister vom 24. Mai 1950, zit. nach Kneten/Schmidt 1975, S. 110f.).

Obwohl sich das Kultusministerium für den Gedanken einer Verankerung der Erwachsenenbildung in der Universität gegenüber der Hochschule selbst werbend eingesetzt hatte[36], geriet die Umsetzung der Institutspläne ins Stocken. Die Gründe hierfür lagen in finanziellen Problemen und personellen Schwierigkeiten bei der Besetzung der Stelle des Institutleiters.[37] Das Vorhaben ruhte zunächst und konnte in der ursprünglich intendierten Form auch später nicht realisiert werden. Über mögliche Formen der Universitätsbeteiligung an der Erwachsenenbildung wurde jedoch weiter nachgedacht. Insbesondere der in Göhrde begonnene Dialog mit englischen Hochschullehrern und Erwachsenenbildnern fand eine Fortsetzung durch die Konferenzen in Oxford und Hamburg. Hieraus ergaben sich wichtige Anstöße zur Verwirklichung der universitären Erwachsenenbildung in Deutschland. Es zeichnete sich immer deutlicher die Orientierung am Vorbild der Tutorial Classes ab.

Der Impuls für einen neuen Versuch zur Aufnahme extramuraler Aktivitäten ging von Ministerialdirigent Alfken und Oberregierungsrat Lotze vom niedersächsischen Kultusministerium aus. Heiner Lotze war es gelungen, Willy Strzelewicz, der im Sommer 1955 aus der schwedischen Emigration zurückkehrte, für die Organisation und Durchführung des geplanten Experiments mit Universitätskursen zu gewinnen. Nachdem sowohl die Senatskommission für Fragen der Erwachsenenbildung als auch die Arbeitsgemeinschaft "Universität und Volkshochschule" der Aufnahme von Vorverhandlungen zugestimmt hatten, konnte Strzelewicz damit beginnen, in Hochschule und Volkshochschule die Bereitschaft und den Willen für eine Institutionalisierung der in Aussicht genommenen extramuralen Kurse zu sondieren. In zahlreichen persönlichen Kontakten gelang es ihm, noch vorhandene Skepsis gegenüber dem intendierten Vorhaben auszuräumen. Anfang September 1955 fand unter Leitung von Professor Plessner, dem Beauftragten der Senatskommission für Fragen der Erwachsenenbildung, eine vorbereitende Besprechung statt, an der Volkshochschulvertreter, Professor Woermann als Rektor der Universität Göttingen sowie Ministerialdirigent Alfken teilnahmen. Diese Sitzung diente dazu, den Stand der Vorarbeiten zu erörtern; dabei wurde bereits über die mit einzelnen Lehrkräften der Universität und örtlichen Erwachsenenbildungseinrichtungen vereinbarten Themenangebote für eine erste Erprobungsphase der extramuralen Kurse informiert. Nun kam es darauf an, einen offiziellen Beschluß des Senats der Universität Göttingen herbeizuführen, der die Durchführung der extramuralen Kurse ermöglichte. Daß dies am 21. November 1955 geschah, ist dem Einsatz von Woermann, Plessner und Weniger zu danken.

Von den Schwierigkeiten, die es auch jetzt noch zu bewältigen galt, zeugt das Ringen um die Bezeichnung der geplanten Kurse. Hierzu schreibt Strzelewicz (1983, S. 27f.):

"Ich erinnere mich deutlich der Situation, in die die Befürworter der geplanten Arbeit kamen, als man nach einer die offizielle Billigung der Universität durch den Senat noch nicht notwendig machenden Benennung der Kurse suchte und ich mit entschiedener Unterstützung durch den Rektor, dem am Gelingen des Experiments offensichtlich viel gelegen war, in einer prekären Situation, in der es um die mögliche Realisierung der geplanten Arbeit ging, auf den Namen 'Seminarkurse' verfiel."

Die Universität lehnte zwar die direkte Verantwortung für die extramurale Arbeit ab, doch sie hielt es — wie es in der Empfehlung der Senatskommission für Fragen der Erwachsenenbildung vom November 1955 heißt — "für möglich und wünschenswert", die Kurse auf der folgenden Grundlage in Angriff zu nehmen:

"a. Unter dem Namen Seminarkurse in Verbindung mit den jeweils für das Fachgebiet zuständigen und zur Mitarbeit bereiten Instituten resp. Seminaren.

b. Unter der Leitung der von den einzelnen Professoren in Vorschlag gebrachten Lehrkräfte.

c. Bei Finanzierung der Lehrer, des die Kurstätigkeit leitenden Sekretärs und der anzuschaffenden Bücherei aus den vom Kultusministerium gehaltenen und zu diesem Zweck dem Bund für freie Erwachsenenbildung für Weiterbildung zur Verfügung gestellten Mittel" (Protokoll der Sitzung der Senatskommission für Fragen der Erwachsenenbildung der Universität Göttingen am 21. November 1955, zit. nach Krüger 1982a, S. 211).

Die Übernahme der Trägerschaft für die Seminarkurse durch den Niedersächsischen Bund für freie Erwachsenenbildung, dem zum damaligen Zeitpunkt auch noch der Landesverband der Volkshochschulen angehörte, wurde im zitierten Protokoll der Senatskommission für Fragen der Erwachsenenbildung offensichtlich als eine vorläufige Lösung angesehen, man hoffte zu einem späteren Zeitpunkt das noch zu schaffende Institut für Erwachsenenbildung "zum Träger und Zentrum der durchzuführenden und zu erweiternden Kurstätigkeit auszugestalten" (ebd.). Da sich diese Pläne aber nicht verwirklichen ließen, blieb das Sekretariat für Seminarkurse, dessen erster Leiter Willy Strzelewicz wurde, bis auf weiteres außerhalb der Universität angesiedelt. Dies änderte sich erst im Jahre 1958, als das "Institut für Erziehung und Unterricht" unter Professor Weniger die Rechtsträgerschaft der Seminarkurse übernahm. Es dauerte aber insgesamt zehn Jahre, bis die Seminarkurse als offizielle Einrichtung der Universität Anerkennung fanden. Im Jahre 1965 wurde dieser Schritt mit der Umwandlung des Sekretariats in eine "Zentralstelle für auswärtige Seminarkurse" vollzogen (vgl. Raapke 1965, S. 167ff.).

Das Experiment mit den Seminarkursen, deren Leitung in den Händen von Professor Plessner als dem Beauftragten der Senatskommission für Fragen der Erwachsenenbildung lag, entwickelte sich äußerst positiv. Die Zahl der durchgeführten Kurse stieg kontinuierlich an. Im Studienjahr 1960/61 fanden in 33 Orten insgesamt 49 Kurse mit über 1000 Teilnehmern statt (vgl. Raapke/Skowronek 1962, S. 64). In diesem Zusammenhang sei auf den oft vernachlässigten Anteil, den die Mitarbeiter in den Volkshochschulen durch ihr Engagement bei der Vorbereitung der Kurse zum

Gelingen beitrugen, hingewiesen (vgl. Strzelewicz 1983, S. 26f.). Eine zweite wesentliche Voraussetzung für den Erfolg der Seminarkurse liegt in der personellen Ausstattung des Sekretariats als der Koordinationsstelle der Kursarbeit begründet. Dem Leiter des Sekretariats für Seminarkurse stand ab 1959 ein Stamm von vier hauptberuflichen Kräften zur Seite, die aktiv in der Lehre mitwirkten. Ihre Funktion als Impulsgeber für die universitäre Erwachsenenbildung über Niedersachsen hinaus, verdanken die Göttinger Seminarkurse nicht zuletzt Willy Strzelewicz, der ab 1960 die Leitung der Pädagogischen Arbeitsstelle des Deutschen Volkshochschulverbandes in der Aufbauphase übernahm. Durch seine Kontakte war es ihm möglich, für die Idee der Seminarkurse zu werben und einen bundesweiten Austausch jener in der universitären Erwachsenenbildung engagierten Kräfte zu unterstützen, die sich seit 1959 zu regelmäßigen, dem Erfahrungsaustausch dienenden Konferenzen trafen.

Als entscheidender Faktor für das Gelingen des Göttinger Experiments erwies sich das schon früh verfolgte Ziel, extra- und intramurale Aktivitäten eng miteinander zu verknüpfen. Obgleich die besonderen Entwicklungsbedingungen zunächst eine Konzentration auf die extramurale Arbeit erforderlich machte, waren sämtliche Initiativen zur universitären Erwachsenenbildung doch stets von der Überzeugung geleitet, daß das Engagement der Hochschule auf Dauer nur dann Früchte tragen kann, "wenn die praktisch pädagogische Mitwirkung mit Forschung und Lehre an der Universität selbst verbunden und beiden gemeinsam eine feste institutionelle Grundlage im Rahmen der Universität gegeben wird" (Plessner/Strzelewicz 1961, S. 109; vgl. hierzu auch Strzelewicz 1959, S. 24). Solange sich die Verankerung aber nicht realisieren ließ, galt es die Koppelung theoretischer Forschung und praktischer Bildungsarbeit auf andere Weise sicherzustellen. Die Voraussetzungen hierfür waren insofern günstig, da einerseits die konzeptionelle Anlage der Seminarkurse mit der geforderten Einheit von Forschung und Lehre die wissenschaftliche Erforschung der Erwachsenenbildung für die Mitarbeiter des Sekretariats zu einer Selbstverpflichtung machte und andererseits durch die Einrichtung von hauptamtlichen Stellen zumindest ein Minimum an personeller Kapazität für Forschungsaufgaben zur Verfügung stand. Ein Weiteres kam hinzu: Auf der Basis eines gemeinsamen Erfahrungsschatzes in der Kursarbeit eröffnete sich die Chance zur interdisziplinären Problembearbeitung. Insofern ist es kein Zufall, daß die wegweisende Untersuchung über "Bildung und gesellschaftliches Bewußtsein" (Strzelewicz/Raapke/Schulenberg 1966) von Lehrkräften der Göttinger Seminarkurse verfaßt wurde, die über einen längeren Zeitraum hauptamtlich im Sekretariat tätig waren.

Kennzeichen der Seminarkurse

Nachdem ich mich bislang primär mit der Entstehungsgeschichte der Seminarkurse befaßt habe, soll nun auf deren spezifische Kennzeichen eingegangen werden. Der

Begriff des Seminarkurses steht für jene Form der Bildungsarbeit außerhalb der Universität, die sich unter Anleitung von Universitäts – Lehrkräften, in kleinen Arbeitsgruppen über einen längeren Zeitraum dem systematischen Studium eines wissenschaftlichen Stoffes widmet (vgl. Raapke/Skowronek 1962, S. 8, 25f.).

Das erste der hier anzusprechenden Prinzipien fordert, daß die Tutoren der Seminarkurse nicht nur über eine akademische Ausbildung verfügen müssen, sondern darüber hinaus selbst in der wissenschaftlichen Arbeit tätig sind. Nur derjenige, der produktiv an der Arbeit der Wissenschaft beteiligt ist, darf auch lehren. In diesem Punkt wurde ganz bewußt Bezug genommen auf eine Grundkonzeption der deutschen Universität seit Humboldt, nämlich die der Einheit von Forschung und Lehre. Der selbstgestellte Anspruch lautete, die Teilnehmer sollen aus erster Hand mit den Denkweisen und Erkenntnissen der Wissenschaft vertraut gemacht werden.

Ein zweites Merkmal der Seminarkurse bezieht sich auf deren arbeitsgemeinschaftlichen Charakter und die damit verbundene intensive Form der Bildungsarbeit. Die Dauer der Kurse wurde deshalb auf mindestens 20 Doppelstunden festgelegt. Auf Wunsch der Teilnehmer ist es jedoch auch möglich einen Kurs über mehrere Studienjahre fortzusetzen.

Das dritte Kennzeichen der Seminarkurse besteht in der Anregung und Hinführung zur "wissenschaftliche(n) Haltung" (Strzelewicz 1959, S. 6). In der Verfolgung dieses Zieles wird eine aktive und gründliche Mitarbeit der Seminarteilnehmer durch die Übernahme von Protokollen und Referaten angestrebt. Die Beschäftigung mit einem bestimmten Thema hat, dem Verständnis der Initiatoren gemäß, exemplarischen Charakter, sie dient dem Zweck, "am Beispiel eines Sachgebietes intellektuelle Rechtschaffenheit, Entscheidungssicherheit, selbständiges Urteilen, Willen zur Klarheit und Rationalität in der Bewältigung von privaten und gesellschaftlichen Problemen zu fördern" (Strzelewicz 1958, S. 164).

Wie ein roter Faden zieht sich durch die Anfangsphase der Seminarkurse das generelle Ziel, die Teilnehmer zu "wissenschaftlicher Sachlichkeit" und "intellektueller Rechtschaffenheit" (vgl. Strzelewicz 1960, S. 10; Plessner/Strzelewicz 1961, S. 104) anzuleiten, ihnen zugleich aber auch "Wissen, Orientierung und Information" (Strzelewicz 1959, S. 10) zu vermitteln. Die Notwendigkeit, mit der wissenschaftlichen Forschungs – und Denkart vertraut zu werden und sich wissenschaftliche Kenntnisse anzueignen, wird aus dem Demokratisierungs – und Industrialisierungsprozeß der Gesellschaft abgeleitet (vgl. hierzu Strzelewicz 1956, S. 457f.). Ihren praktischen Ausdruck fand diese Überzeugung darin, daß die Seminarkurse ganz bewußt als ein Beitrag zum Abbau regionaler Disparitäten verstanden und deshalb vornehmlich in kleineren Orten durchgeführt wurden.

Wie die Beschäftigung mit Entstehungsgeschichte und Konzeption der Seminarkurse gezeigt hat, sind diese sowohl Resultat als auch Katalysator einer sich kontinuierlich entwickelnden Beziehung zwischen tertiärem und quartärem Bildungssektor. Ihre

Manifestation findet diese Entwicklung in der institutionellen Verankerung der Erwachsenenbildung innerhalb der Hochschule. Welche Perspektiven einer möglichen Kooperationsbeziehung sich hieraus ergeben, beschreibt W. Flitner (1952, S. 75f.); er unterscheidet drei Aufgabenbereiche: Die unmittelbare Mitwirkung der Universitäten in der Erwachsenenbildung, die Aus— und Fortbildung der Mitarbeiter am Volkshochschulwerk sowie die von ihm unter dem Stichwort "Modellversuche" zusammengefaßte wissenschaftliche Erforschung der Erwachsenenbildung. Von welchem didaktischen Vermittlungsprinzip die praktische Arbeit speziell im ersten der hier angesprochenen Kooperationsbereiche, dem der traditionellen extramuralen Arbeit, geleitet wurde, ist Gegenstand der Beschäftigung im nächsten Abschnitt.

3.3 Universitäre Erwachsenenbildung als Medium der Vermittlung zwischen Wissenschaft und Alltag

Das Verhältnis von Wissenschaft und Lebenspraxis im Bildungsprozeß wird in den ersten Jahren nach dem Zweiten Weltkrieg, ganz im Gegensatz zur Weimarer Zeit, kaum thematisiert. Die wenigen hierzu vorliegenden Stellungnahmen erfolgen eher beiläufig und nehmen selten aufeinander Bezug. Soweit aus den Publikationen jener Zeit zu erkennen ist, fand eine breite Diskussion über diese Problematik nicht statt. Im folgenden wird deshalb versucht, die vorliegenden Äußerungen aufeinander zu beziehen und sie vor dem Hintergrund des historischen Kontextes zu bewerten.

Vermittlung als Aneignung wissenschaftlicher Inhalte

Ausgehend von der Frage, was die Universität zur "Erneuerung der Lebensformen der Gesellschaft" beizutragen imstande ist und welche Rolle die Hochschule insbesondere bezüglich der Mitwirkung an der Volksbildung übernehmen kann, gelangt Weniger (1950, S. 614) zu dem desillusionierenden Ergebnis, daß die Universität in einer Situation, in der sie selbst um Erneuerung ihres eigenen Selbstverständnisses ringt, "der Volksbildung für die neuen Lebensformen nichts zu geben vermag". Weniger steht noch ganz in der Weimarer Tradition, wenn er die Ursache für den Aufschwung der Volksbildungsbewegung vor 1933 im Versagen der Wissenschaft gegenüber den Anforderungen der Lebenspraxis und der daraus resultierenden Unfähigkeit der Hochschule sieht, sich aktiv an der Bildung der Erwachsenen und des Volkes zu beteiligen. Auch hält er, wie Mann (vgl. Kapitel 2.3), an der Überzeugung einer grundsätzlichen Verschiedenheit von wissenschaftlichem Denken und volkhaftem Denken fest. Gerade aus der Erkenntnis der strukturellen Differenzen erwächst für Weniger die Notwendigkeit, die Beziehungen zwischen Universität und

Volksbildung neu zu knüpfen. Ansatzpunkte hierfür sieht er zunächst in der "vorurteilslose(n), unvoreingenommene(n) Begegnung zwischen beiden" (S. 615), die frei von einseitigen Dominanzansprüchen ist. Indem Weniger ausdrücklich betont, daß Universität und Erwachsenenbildung zugleich "Nehmende und Gebende" sein sollen, grenzt er sich deutlich von der Ausdehnungsbewegung ab. Neben der Unterstützung des intendierten Bewußtseinswandels nennt Weniger drei Aufgabenbereiche einer möglichen Kooperation. Erstens die wissenschaftliche Erforschung der Volksbildung, zweitens wissenschaftliche Dienstleistungen für die Volksbildung einschließlich der Ausbildung von Volksbildnern und drittens die didaktische Aufbereitung wissenschaftlicher Inhalte. Den zuletzt angesprochenen Bereich präzisiert Weniger (1950, S. 615) folgendermaßen: "Die Universität sollte sich ... bemühen um die dornenvolle Arbeit des Übersetzens ihres geistigen Besitzes, soweit er für Volk und Volksbildung von Nutzen sein kann, in die Sprache des Volkes, in seine Lage und für seine Aufgaben". Der Vorgang des Übersetzens in das laienmäßige dürfe allerdings nicht abgleiten in eine flache Popularisierung.

Mit seinem Vorschlag greift Weniger die Forderung Geigers nach einem "Umdenken, Umformen und Umgruppieren des Stoffes" auf (vgl. Kapitel 2.3), ohne jedoch die Ideenverwandtschaft explizit zu machen. Im Unterschied zur Weimarer Epoche bleibt die geforderte Übersetzungsleistung aber nicht im Verantwortungsbereich der Volksbildung, sie wird vielmehr der Hochschule zugewiesen. Die 'Lebensordnung' als Synonym für die Denk— und Sprechweise des Volkes steht zwar auch weiterhin im Zentrum der Betrachtung, doch die Perspektive hat gewechselt. Nicht mehr die Auswahl der wissenschaftlichen Erkenntnisse nach den Anforderungen der Lebenspraxis, sondern die Übertragung der wissenschaftlichen Inhalte in die Sprache des Volkes wird angestrebt. Welche Probleme mit dieser Übersetzung allerdings verbunden sind, darauf geht Weniger nicht ein. Weder die einzelnen Dimensionen des Begriffs "Sprache" werden erörtert, noch wird der Frage nachgegangen, ob die Wissenschaft über hinreichende Kenntnisse verfügt, um sprachliche Sinngehalte, Deutungsmuster und Gesellschaftsbilder der jeweiligen Zielgruppe, für die übersetzt werden soll, zu verstehen. Selbst wenn die Hochschule in der Lage wäre, die Arbeit des Übersetzens zu leisten, bleibt dennoch offen, ob sie dies auch tun soll. Meißner (1953, S. 19) verneint beide Fragen. Für ihn überschritte die Hochschule in diesem Fall nicht nur die Grenze ihrer Möglichkeiten, sondern würde auch den eigentlichen Funktionsbereich der Volkshochschule tangieren. Ganz abgesehen davon bezweifelt Meißner, daß die Übersetzungsarbeit je von einer Institution, sei es Universität oder Volkshochschule erbracht werden kann. "Sie wird — im günstigsten Falle — geleistet von dem einzelnen Lehrer in der Volkshochschule" (ebd.). Man könnte sogar noch einen Schritt weitergehen und behaupten, daß die Übersetzung letzten Endes jedes einzelne Individuum vor dem Hintergrund seiner spezifischen Lebenssituation auf höchst persönliche Art vollziehen muß. Trotz der mannigfaltigen ungelösten Probleme, die mit dem "Übersetzen" auf theoretischer, didaktischer und institutioneller Ebene verbunden sind, sollte in den folgenden Jahren die hieraus erwachsende Idee vom "Umdenken der Wissenschaft auf die Lebenswelt" zentrale Bedeutung erlangen.

Vermittlung als Aneignung wissenschaftlicher Methoden

Eine zum Gedanken des "Übersetzens" bzw. "Umdenkens" zunächst konträr erscheinende Position formuliert Fritz Blättner (1955). Seiner Auffassung nach läßt sich das Problem der wissenschaftlichen Volksbildung dadurch einer Lösung näher bringen, daß sich die Wissenschaft ihrer eigenen Ursprünge erinnert. "Denn bevor sie sich als reine Erkenntnis begriff, war sie Besinnung im Leben, und sie muß, um leben zu können, um die Anteilnahme der Menschen zu gewinnen, sich an den großen Kreis derer wenden, die ihrer zur Erhellung und Erhöhung ihres Lebens bedürfen" (Blättner 1955, S. 105). Indem Volksbildung ihre Teilnehmer zum Selbstdenken erzieht, sie dazu befähigt, aktiv am Prozeß der "Besinnung im Leben" teilzuhaben, wird sie selbst zu einem Stück gelebter Wissenschaft, die keiner spezifischen Vermittlung bedarf. Was es heißt, in und durch Volksbildung wissenschaftlich zu arbeiten beschreibt Bättner (1955, S. 103) wie folgt:

> "Wenn man aber die Fragen ins Bewußtsein hebt, die als Zweifel, Klage oder Unbehagen, in Meinungen, Vorurteilen oder Stimmungen lebendig sind, wenn man die Fragen klar zu formulieren, die Tatbestände abzugrenzen und begrifflich zu fassen lehrt, macht man eine überraschende Entdekkung: daß man nämlich nicht Wissenschaft vermittelt, sondern wissenschaftlich gearbeitet, wirkliche Forschung geleistet hat. Wenn dem aber so ist, daß man mit erwachsenen berufstätigen Menschen wissenschaftlich arbeiten kann, dann ist die popularisierende Darstellung von Forschungsergebnissen ganz unwissenschaftlich. Und noch dazu unmenschlich, sie nützt weder der Wissenschaft, noch den hörenden Menschen. Aber *in der tätigen, fragenden, untersuchenden Aufhellung des Lebenskreises der Menschen geschieht etwas, was selbst wissenschaftlichen Wert hat.* Wissenschaftlichen Wert in zweifacher Hinsicht: einmal, indem es den Geist echter wissenschaftlicher Kultur im Alltag verbreitet, sodann indem es einer ganzen Reihe von Wissenschaften notwendige Hilfe leistet" (Hervorhebung im Original).

Zwei Punkte gilt es an der engagiert und überzeugend vorgetragenen Stellungnahme Blättners für eine wissenschaftsorientierte Volksbildung anzumerken. Erstens ist die der Volksbildung zugeschriebene Funktion auf dem Feld der wissenschaftlichen Forschung sicherlich zu euphorisch ausgefallen und zweitens wird unterschlagen, daß wissenschaftliche Bildung nicht ohne ein gewisses Maß an Vermittlung von Kenntnissen auskommt. Akzeptiert man letzteres, so stellt sich erneut die Frage nach dem Übersetzen wissenschaftlichen Wissens; hierzu schweigt der Autor allerdings. Trotz der gemachten Einschränkungen gilt es festzuhalten, daß die der universitären Erwachsenenbildung zugeschriebene Aufgabe, zur Verbreitung einer wissenschaftlichen Kultur beizutragen, ein wesentliches Element extramuraler Arbeit geworden ist. Der von Blättner formulierte Gedanke wirkte in Gestalt der Forderung nach wissenschaftlicher Denkschulung als ein zentrales Anliegen der Seminarkurse fort. Er trat damit neben die Aufgabe der Vermittlung von Wissen und ergänzte diese. Wie das Verhältnis dieser beiden Zielsetzungen zueinander gesehen wurde, darüber gibt Strzelewicz (1959, S. 10) Auskunft. In Anlehnung an Kant schreibt er: "Stoffvermittlung ohne erarbeitetes Verständnis und methodische Denkschulung ist ... blind, Denkschulung und methodisches Verständsnis ohne Stoffvermittlung ist leer." Strzelewicz spricht an dieser Stelle bezeichnenderweise nicht von jener Form der Wissensvermittlung, die sich dem Gebot des "Übersetzens" verpflichtet fühlt, sondern von einer Vermittlung, die mit dem "neuesten Stand wissenschaftlicher Entwicklung" (1959, S. 17) vertraut macht. Die im Bekenntnis zur rein kognitiven Wissensvermittlung sich manifestierende wissenschaftspositivistische Haltung ist durchaus charakteristisch für die frühe Phase der Seminarkursarbeit. Auch den Ausführungen von Raapke/Skowronek (1962, S. 8, 40) liegt die Orientierung an einem Verständnis von Vermittlung zugrunde, das ganz auf die Teilhabe an den neuesten Entwicklungen der wissenschaftlichen Forschung ausgerichtet ist.

Aspekte des "Umdenkens"

Während das Ziel, mittels der Universitäts – bzw. Seminarkurse in die wissenschaftliche Denkart einzuführen, schon früh zu einer leitenden Maxime der praktischen Außenarbeit wurde, setzte die verstärkte Diskussion um das Prinzip des "Umdenkens" erst mit den Empfehlungen des Deutschen Ausschusses für das Erziehungs – und Bildungswesen ein. Im Gutachten "Zur Situation und Aufgabe der deutschen Erwachsenenbildung" von 1960 heißt es:

"Das hier geforderte Bündnis von Erwachsenenbildung und Wissenschaft bedeutet also weder eine unechte Akademisierung des Volkes – 'Halbbildung' – noch eine Verwässerung der Wissenschaft – 'Popularisierung' – , sondern ein Umdenken der Wissenschaft auf die Lebenswelt des Laien hin. In diesem Umdenken kann sich die Wissenschaft als eine geistige Macht bewähren" (Deutscher Ausschuß für das Erziehungs – und Bildungswesen 1960, S. 65).

Fritz Borinski, der neben Walter Dirks maßgeblich an der Abfassung des hier zitierten Gutachtens beteiligt war, hat später präzisiert, was es bedeutet, Wissenschaft auf die Lebenswelt der Laien hin umzudenken. Er unterscheidet zwei Ebenen dieses Umdenkens.

Erstens das sprachlich – methodische Übersetzungsproblem. Im Unterschied zu Weniger, der sich auf die semantischen Aspekte dieses Problems beschränkte, erweitert Borinski den Begriff des "Übersetzens" auf die Kontexte der Sprachen "Wissenschaft" und "Lebenswelt". Den zentralen Lösungsansatz für die Bewältigung der sich hier stellenden Aufgaben sieht er in der Schaffung eines dynamisch gestalteten Wechselverhältnisses von Wissenschaft und praktischem Leben in der Bildungsarbeit. Die Erkenntnisse und Methoden der Wissenschaft sollen stets in Beziehung gesetzt werden mit den Anforderungen und Problemen des Alltags. Universitäre Erwachsenenbildung soll die Frage nach der Umsetzbarkeit der Lehre in das Handeln der Praxis reflektieren und schließlich soll darauf geachtet werden, den Austausch von theoretischer Erkenntnis und praktischer Erfahrung immer neu zu vollziehen (vgl. Borinski 1971, S. 17).

Auf einer zweiten Ebene stellt sich das Übersetzen als ein "Problem der rechten Verbindung von Fachwissen, pädagogischer Verantwortung und gesellschaftspolitischem Engagement auf seiten des Lehrenden" dar (ebd., S. 10). Borinski sieht einen direkten Zusammenhang zwischen der personalen und der sachlichen Dimension des Übersetzungsproblems. Der Bildungsprozeß kann nur dann seine Mittlerfunktion erfolgreich erfüllen, wenn es dem Dozenten gelingt, den intendierten Übersetzungsprozeß selbst vorzuleben:

"Wer auf erwachsene Menschen bildend wirken will, muß zu ihnen einen lebendigen Bezug haben. Er muß beständig den Fortgang des praktischen Lebens wie die Entwicklung der wissenschaftlichen Theorie verfolgen und verarbeiten. Er muß die wissenschaftliche Theorie am tätigen Leben und die Praxis des Lebens an der wissenschaftlichen Lehre erproben und in seiner Person immer neu die dialektische Einheit von Theorie und Praxis herstellen" (ebd., S. 17f.).

Auch an dieser Stelle sind die Bezüge zum Gedankengut der Weimarer Volksbildung unverkennbar. Von Pichts Idee der Parallelschaltung der Gedankengänge von Dozent und Hörer führt der Weg über Rosenstocks Vorstellung eines intrapersonalen Rollenwechsels des Lehrenden zwischen Laie und Fachmann (vgl. hierzu Kapitel 2.3), zur Forderung Borinskis nach dialektischer Verschränkung von Theorie und Praxis in und durch die Person des Tutors der Universitätskurse.

Den im Anschluß an das Gutachten des Deutschen Ausschusses geführten Diskussionen mangelte es an einem klar differenzierten Begriff des Umdenkens, wie er von Borinski entfaltet wurde. Retrospektiv tritt dieses Defizit deutlich zutage. Nahezu völlig ausgegrenzt blieb nämlich die Beschäftigung mit der besonderen Rolle des Lehrenden im Vermittlungsprozeß. Eine zaghafte Hinwendung zu diesem Themenkomplex erfolgte erst in jüngster Zeit durch die Untersuchungen von Fülgraff (1973), Sellach (1973), Siebert (1977) sowie Asselmeyer et al. (1982).

Während der 60er Jahre konzentrierte sich die Auseinandersetzung mit den Problemen des Umdenkens statt dessen vornehmlich auf unterrichtspraktische Aspekte. Im Mittelpunkt standen Fragen der Themen– und Stoffauswahl, der Anordnung von Inhalten sowie des geeigneten Seminareinstiegs (vgl. hierzu Doerry 1965). Vor dem Hintergrund einer solchermaßen motivierten Beschäftigung mit den Fragen einer Didaktik wissenschaftlicher Seminare, äußern Raapke/Leuschner (1963) erste Zweifel an der Angemessenheit des Konzepts vom Umdenken. Sie kritisieren die der Vorstellung des Umdenkens zugrunde liegende Annahme von der Experten–Laien–Beziehung in den Seminarkursen. Nicht zuletzt aufgrund der engen Beziehung zwischen Berufstätigkeit und Wahl des Kursthemas halten es die Autoren für einen "Scheingegensatz", von strukturellen Differenzen zwischen Experten und Laien oder gar zwei prinzipiell verschiedenen Lebens– und Denkwelten zu sprechen (ebd., S. 174). Vielmehr handle es sich um "Abstufungen im Grad der Reflektiertheit" (ebd., S. 92), die es lediglich rechtfertigen, einen graduellen Unterschied in Fähigkeiten und

Wissen anzunehmen. Für Raapke/Leuschner modifiziert sich das Problem des Umdenkens zur Suche nach dem geeigneten Einstieg in ein wissenschaftliches Fachgebiet. Im einzelnen sehen sie drei Möglichkeiten, dem wissenschaftlich ungeschulten Teilnehmer einen raschen und zugleich sachadäquaten Zugang zur wissenschaftlichen Denk— und Fragestellung zu eröffnen:

1) Das Anknüpfen an den Erfahrungen der Kursteilnehmer. Die Bedeutung des Anschlußlernens — wie wir heute sagen — wird auch von Ballauff (1965, S. 30) nachdrücklich betont, wenn er schreibt: "Wissenschaft soll nicht umgedacht und zurechtgemacht werden für die 'Laien'. Sehr wohl aber wird man an Alltag und Berufstätigkeit anknüpfen."

2) Den "Rückgang auf die Ausgangslage der Fragestellung selbst in der eigenen Geschichte der betreffenden Wissenschaft" (Raapke/Leuschner 1963, S. 93). Eine besondere Bedeutung wird dabei der Analyse von "Schlüsseluntersuchungen" zugewiesen, die es gestatten, wissenschaftliche Erkenntnisse "Nachzuerfinden".[38]

3) Methodische Maßnahmen, die auf eine aktive Partizipation der Teilnehmer am Lernprozeß abzielen. Neben der Mitwirkung beim Aufstellen des Arbeitsplanes wird in diesem Zusammenhang auf die Bearbeitung von Fachliteratur, die Protokollführung sowie die Übernahme von Referaten verwiesen.

Die Vermittlungspraxis zwischen fachspezifischer und problemorientierter Ausrichtung

Trotz divergierender Auffassungen über die mit dem Prozeß des Umdenkens verbundenen theoretischen Implikationen herrschte bezüglich der didaktisch—methodischen Prämissen der Universitäts— bzw. Seminarkurse weitgehend Einigkeit. Auch hinsichtlich der Zielsetzung, durch die extramurale Arbeit einen Beitrag zu leisten, die Menschen "den Anforderungen einer sich demokratisierenden industriellen Gesellschaft gewachsen zu machen" (Strzelewicz 1960, S. 10), bestand Übereinstimmung. Bei der Umsetzung dieser Absicht wurden in der Bildungsarbeit jedoch unterschiedliche Schwerpunkte gesetzt.

In Göttingen stellte sich der Zusammenhang zwischen dem Anspruch, durch die Seminarkurse den Teilnehmern ein Angebot zur besseren Bewältigung ihres Alltags zu unterbreiten und der Praxis der Kurse auf eine eher mittelbare Art her. Bereits in den ersten Jahren der extramuralen Aktivitäten zeichnete sich die Tendenz ab, daß das Angebot von "Problem—Kursen" gegenüber jenen Kursen, die einem "systematisch geordneten Lernen und Kenntniserwerb" dienten, deutlich zurücktrat (Raapke 1965, S. 172).

Den Berliner Universitätskursen lag eine direktere Auffassung von der gesellschaftlichen und lebenspraktischen Relevanz der Außenarbeit zugrunde. Doerry (1962, S. 146) bringt den konzeptionellen Unterschied wie folgt zum Ausdruck:

"Aber während es den Göttingern vor allem darum zu tun ist, eine Begegnung mit der Wissenschaft herbeizuführen und die bildende Wirkung dieser Begegnung methodisch zu sichern, wird in Berlin das Schwergewicht mehr darauf gelegt, was die Wissenschaft zum Verständnis der Welt, in der wir leben, zu leisten vermag."

Ein Blick auf die Kursthemen bestätigt diese Akzentuierung. Insgesamt konzentrieren sich die Angebote zwar vornehmlich auf sozial—, erziehungs—, wirtschaftswissenschaftliche und historische Sachgebiete, doch in Göttingen überwiegen fachspezifische, in die jeweilige Wissenschaftsdisziplin einführende Kurse (vgl. hierzu Strzelewicz 1959, S. 12f.; Raapke/Skowronek 1962, S. 33ff.); in Berlin hingegen dominieren die zeitgeschichtlichen Themen (vgl. Doerry 1962, S. 148f.). Wie sehr die Berliner darum bemüht waren, einen problemorientierten Ansatz zu praktizieren, dokumentiert die Besetzung eines jeden Universitätskurses mit zwei Dozenten, die in der Regel verschiedene Fachgebiete vertraten.

Im Laufe der weiteren Entwicklung der extramuralen Aktivitäten traten sowohl die Bevorzugung politisch—mitbürgerlicher Themenbereiche als auch die Differenzierungen in der Zielsetzung der Bildungsarbeit immer mehr zurück. Die Zahl der in die Seminarkursarbeit einbezogenen Fachgebiete wurde systematisch ausgeweitet und dabei insbesondere um naturwissenschaftliche Angebote ergänzt. Mit der quantitativen Expansion der Seminarkurstätigkeit ging auch eine qualitative Veränderung in der Einschätzung der intendierten Bildungsziele einher. Es setzte sich zunehmend die Erkenntnis durch, daß die mit den Kürzeln "Begegnung mit der Wissenschaft" und "Lebenshilfe durch Wissenschaft" charakterisierten Konzeptionen sich nicht gegenseitig ausschließen, sondern vielmehr wechselseitig bedingen und ergänzen. Von diesem Wandel im Verständnis der Kursarbeit zeugt die Definition der Seminarkurse, wie sie heute durch die Zentraleinrichtungen für wissenschaftliche Weiterbildung der niedersächsischen Hochschulen vorgenommen wird. Demnach sollen Seminarkurse, ausgehend von Interesse und Lebenssituation der Teilnehmer

"— am Beispiel eines *Sachgebiets* Erkenntnis— und Urteilsfähigkeit, Entscheidungssicherheit, Willen zur Klarheit und Rationalität fördern;
— *problemorientiert* wissenschaftliche Methoden und Erkenntnisse auf persönliche, gesellschaftliche und berufliche Bereiche beziehen und anwenden helfen" (Hervorhebung im Original, Seminarkurse in Niedersachsen 1982, S. 204).

Aus dieser Aufgabenstellung wird die Notwendigkeit und das Bekenntnis zu einer zielgruppengerechten Bedarfsermittlung und Konzipierung der Bildungsangebote abgeleitet (vgl. Hochschule und Weiterbildung in Niedersachsen 1983, S. 11). Mit der Verwirklichung eines lebensweltorientierten Ansatzes, wie er hier in der extramuralen Arbeit zum Ausdruck kommt, schließt sich der Kreis zur Forderung der Weimarer Volksbildung, die 'Lebensordnung' zum Paradigma der Vermittlung zwischen Wissenschaft und Alltag zu machen. Die Praxis der Seminarkursarbeit nimmt diese Zielvorstellung auf und entwickelt sie weiter. Indem sich die Hochschule institutionell zu ihrer extramuralen Bildungsaufgabe bekennt und dazu bereit ist, sich an Interessen und Lebenssituationen der Teilnehmer zu orientieren sowie hieraus inhaltliche und methodische Konsequenzen zu ziehen, wird die universitäre Erwachsenenbildung selbst zum Medium der Vermittlung zwischen Wissenschaft und Lebenswelt. Bevor sich der ebenso lebenswelt – wie wissenschaftsorientierte Standpunkt durchsetzen konnte, vergingen noch etliche Jahre.

Beruflich – soziale Stellung und Kurswahlverhalten

Wesentlich begünstigt wurde die Hinwendung zu dem modifizierten Aufgabenverständnis universitärer Erwachsenenbildung durch die praktische Arbeit. Wie schon in den beiden vorausgegangenen historischen Epochen, machten auch die Initiatoren der Seminarkurse die Erfahrung, daß ein sehr enger Zusammenhang zwischen den sich im Kurswahlverhalten dokumentierenden Bildungswünschen der Teilnehmer und ihrer beruflich – sozialen Situation besteht.[39]

Die Auswertung des statistischen Datenmaterials aus den ersten sechs Jahren der Göttinger Seminarkurse ergab hinsichtlich der Frequentierung einzelner Fachbereiche in Abhängigkeit von der Berufstätigkeit der Kursteilnehmer auffällige Zusammenhänge (vgl. Raapke/Skowronek 1962, S. 67): In den agrarwissenschaftlichen Kursen stellen die Angehörigen landwirtschaftlicher Berufe über 80% sämtlicher Teilnehmer; in den rechtswissenschaftlichen Kursen kommt knapp die Hälfte aller Besucher aus Verwaltung und Justiz, ein weiteres Drittel aus dem kaufmännischen Bereich; in den pädagogischen Kursen macht der Anteil von Lehrern und sozialpflegerischen Berufen ca. 40% aus, mit 25% sind die Hausfrauen – offenbar in ihrer erzieherischen Funktion – ebenfalls sehr stark vertreten; in psychologischen Kursen dominieren die Angehörigen sozialpflegerischer sowie erzieherischer Berufe mit ca. 30%; in volkswirtschaftlichen Kursen rekrutieren sich rund 40% der Teilnehmer aus kaufmännischen Berufen. Raapke/Skowronek (1962, S. 68) fassen diese Ergebnisse wie folgt zusammen: "Von vielen Teilnehmern werden also offenbar die Seminarkurse als Gelegenheit betrachtet, Bildungsinteressen aus dem Umkreis der eigenen Berufstätigkeit zu realisieren, worin sich eine ... durchaus nicht gering verbreitete Auffassung von Bildung auszudrücken scheint, die nur wenig mit berufskompensatorischer Freizeit – Beschäftigung zu tun hat." Wie die Fortschreibung der statistischen Analyse zeigt, ist diese Tendenz bis heute ungebrochen (vgl. Bohmann/Lohre 1983).

Auch an der Unterrepräsentation der Arbeiter und jener Personen, die lediglich über einen Volksschulabschluß verfügen, hat sich im Verlaufe der Jahre nichts geändert. Damals wie heute gilt Strzelewicz's Aussage, daß sich die Erwachsenenbildung "immer mehr als eine Weiterbildungsstätte gerade für diejenigen, die eine längere und in diesem Sinne bessere Schulausbildung hinter sich haben" erweist (1960, S. 13). Wenngleich immer wieder erneut darüber nachgedacht wurde, wie die bildungsmäßig Unterprivilegierten zur Teilnahme an Seminarkursen gewonnen werden könnten, bestand und besteht die zentrale Leistung der universitären Erwachsenenbildung doch darin, – wie es Borinski in Anlehnung an das Gutachten des Deutschen Ausschusses für das Erziehungs– und Bildungswesen ausdrückt – mitzuwirken an der Bildung der "aktiven Minderheiten", derer die moderne demokratische Gesellschaft bedarf (vgl. Deutscher Ausschuß für das Erziehungs– und Bildungswesen 1960, S. 16; Borinski 1963, S. 7). Das Bekenntnis zu diesem Auftrag bedeutet aber keinesfalls, daß die extramurale Arbeit durch elitäre Züge geprägt ist. Im Gegenteil, durch die Seminarkurse gelang es, neue Teilnehmer an die Volkshochschule heranzuführen. Wiederholt wird darauf hingewiesen, daß über 50% der Göttinger Kursteilnehmer vorher noch keine anderen Veranstaltungen bzw. Arbeitsgemeinschaften der Volkshochschule besucht haben und erst durch die Seminarkurse in Kontakt mit der Volkshochschule gekommen sind (vgl. Strzelewicz 1959, S. 21; Strzelewicz 1960, S. 12; Raapke 1960, S. 77; Raapke 1965, S. 171f.). Dieser erstaunliche Sachverhalt beschränkte sich keinesfalls nur auf Göttingen, auch in der hessischen Seminarkursarbeit sammelte man über einen längeren Zeitraum ganz ähnliche Erfahrungen (vgl. Balser 1965, S. 154).

Resümierend läßt sich festhalten, daß die Etablierung einer neuen Arbeitsform extramuraler Aktivitäten in Gestalt der Seminarkurse positive Auswirkungen auf mehreren Ebenen hatte: Erstens wurde damit ein wichtiger Beitrag zur allgemeinen Erwachsenenbildung geleistet und der Prozeß der Anerkennung der Erwachsenenbildung als vierter Säule des Bildungssystems unterstützt. Hochschulintern gelang es zweitens, das Verständnis sowie die Bereitschaft für die Übernahme des Weiterbildungsauftrages zu wecken. Drittens konnte die Kluft zwischen Gesellschaft und Hochschule ansatzweise überbrückt und affektive Distanzen gegenüber der Universität teilweise abgebaut werden.[40]

4. Zusammenfassende Gesamteinschätzung der historischen Ursprünge wissenschaftlicher Weiterbildung

Während die englische University – Extension aus dem Bemühen um eine Reform der traditionellen Universitäten von Oxford und Cambridge in der zweiten Hälfte des 19. Jahrhunderts hervorging, kann von einer vergleichbaren Entwicklung in Deutschland nicht gesprochen werden (vgl. hierzu auch Wörmann 1985, S. 47ff.). Die institutionelle Verankerung und öffentliche Anerkennung blieb der *Universitätsausdehnungsbewegung* in Deutschland, anders als in England und Österreich, versagt. Volkstümliche Hochschulkurse wurden weitgehend der privaten Initiative von Professorenorganisationen und Bildungsvereinen überantwortet. Im Gegensatz zu England, wo die Erwachsenenbildung von der Universität als Aufgabe bereits frühzeitig akzeptiert wurde, forcierte die Universitätsausdehnungsbewegung in Deutschland eine Entwicklung, die darauf hinauslief, die andragogische Volksbildung vorläufig aus dem Hochschulsystem auszugrenzen. Hiermit einher ging eine gewisse Variabilität in inhaltlichen, methodischen und organisatorischen Fragen. Wenngleich der extramuralen Bildungsarbeit die einheitliche Struktur fehlte, so zeichnete die deutsche Universitätsausdehnung doch eine gemeinsame Entwicklungsdynamik aus. Die Bewegung einte das Ziel, all jenen Menschen den Zugang zu den Kenntnissen der Hochschule zu ermöglichen, die danach strebten, ihren "Wissensdurst an der Quelle (zu) stillen" (Keilhacker 1931a, S. 268). Zusammengehalten wurden die verschiedenen Aktivitäten vor allem durch die Tätigkeit des "Verbandes für volkstümliche Kurse von Hochschullehrern des Deutschen Reiches" sowie die deutschen Volkshochschultage, die von 1904 bis 1912 regelmäßig alle zwei Jahre unter Beteiligung von Vertretern der Universitätsausdehnung des gesamten deutschen Sprachgebietes stattfanden (vgl. Keilhacker 1925, S. 62). In ihrem Bemühen, innerhalb der Hochschulen das Bewußtsein für die Notwendigkeit der Übernahme von Volksbildungsaufgaben zu schaffen, kam den Protagonisten der Ausdehnungsbewegung eine wichtige Vorreiterfunktion für spätere historische Phasen einer Weiterbildungsbeteiligung der Hochschulen zu. Unter den in der *wilhelminischen Ära* herrschenden gesellschaftlichen und (bildungs)politischen Verhältnissen blieb den volkstümlichen Hochschulkursen, trotz eines beachtlichen Teilnehmerzuspruchs, sowohl innerhalb als auch außerhalb der Hochschulen die Anerkennung weitgehend versagt. Extramurale Bildungsangebote gerieten zunehmend in das Spannungsfeld antagonistischer gesellschaftlicher Kräfte. Die staatstragenden Schichten befürchteten, durch die volkstümlichen Hochschulkurse könnte das ihnen vorbehaltene Privileg einer höheren Bildung gebrochen werden. Nicht nur bei konservativen bürgerlichen Kreisen stieß die Ausdehnungsbewegung auf Ablehnung, auch die organisierte Arbeiterschaft stand ihr zum Teil kritisch gegenüber. Gewerkschaftsfunktionäre und Sozialisten bemängelten vornehmlich die integrative Zielsetzung einer kompensatorischen Bildungsarbeit, von der sie pazifizierende Wirkungen befürchteten. Wenn es entgegen den Erwartungen der Vertreter der Ausdehnungsbewegung nicht gelang, die Arbeiterklasse mit ihren Bildungsangeboten zu erreichen, so lag dies nicht zuletzt auch daran, daß vielfach jene materiellen Existenzgrundlagen nicht vorhanden waren, die eine unabdingbare Voraussetzung für jegliche Art der geistigen Beschäftigung sind (vgl. Rein 1909, S. 718). Es waren aber nicht nur gesellschaftspolitische Ursachen, die schließlich zum Scheitern der Universitätsausdehnung führten. Die Volksbildungsaktivitäten der Hochschuldozenten entstanden zu einer Zeit, als Aufklärung, Rationalismus und Intellektualismus ihren Höhepunkt bereits überschritten hatten. Mit dem zunehmenden Einfluß kulturidealistischer und neuromantischer Strömungen nahm die Kritik aus den Reihen der Volksbildung an der Praxis volkstümlicher Hochschulkurse zu. Die 'neue Richtung' wandte sich entschieden gegen jede Form einer extensiven Wissensverbreitung, wie sie in der Ausdehnungsbewegung praktiziert wurde und forderte statt dessen die Hinwendung zu einer intensiven Bildungsarbeit. Nicht mehr einseitige Verstandesbildung, sondern umfassende Lebensgestaltung war das Ziel (vgl. Kapitel 1.2 und Kapitel 2.3). Ein nicht zu vernachlässigender Grund für den Zusammenbruch der Ausdehnungsbewegung ist letztlich in der Tatsache zu sehen, daß sie über keine wirkungsvolle Organisationsstruktur verfügte, die es erlaubt hätte, erstens eine aktive Auseinandersetzung mit den Kritikern der volkstümlichen Hochschulkurse zu führen, zweitens stärker auf die Wünsche, Anliegen und Bedürfnisse der Hörerschaft einzugehen und drittens Kräfte für eine Selbsterneuerung freizusetzen.

In der *Weimarer Republik* vollzog sich der bereits vor dem Ersten Weltkrieg abzeichnende Prozeß einer funktionalen Ausdifferenzierung im Bildungs — und Hochschulwesen. Das Resultat dieser Entwicklung war die Entstehung der *Volkshochschule* als eigenständige von der Hochschule unabhängige Institution. Neben dem tertiären entstand der quartäre Sektor des Bildungssystems. Sämtliche Versuche, die in den 20er Jahren darauf abzielten, das Verhältnis zwischen Hochschule und Volkshochschule zu intensivieren, waren tendenziell dem Mißverständnis ausgesetzt, das Streben der Volkshochschule nach Eigenständigkeit rückgängig machen zu wollen. Sowohl auf seiten der Hochschule als auch der Volkshochschule herrschte — wenngleich aus unterschiedlicher Interessenlage — stillschweigendes Einverständnis darüber, dies zu verhindern. Die organisatorischen Ansätze einer Inbeziehungsetzung der Systeme Hochschule und Volkshochschule konnten sich in ihrer Forderung nach einer gleichberechtigten, von Dominanzansprüchen freien Kooperationsbeziehung auf die real vorhandene institutionelle Eigenständigkeit der Volkshochschule stützen. Die inhaltlichen Versuche, zu einer wechselseitigen Durchdringung der in Hochschule und Volkshochschule vorherrschenden unterschiedlichen Prinzipien zu gelangen, konnten demgegenüber nicht von einem allgemein akzeptierten Konsens der jeweiligen Bildungsideale ausgehen; diesbezügliche Entwürfe, wie Flitners Konzept der "Laiengeistigkeit" oder Geigers lebenspraktischer Ansatz der "Problemwissenschaften" (vgl. Kapitel 2.2), sahen sich jedoch mit der Schwierigkeit konfrontiert, die Voraussetzung für die gegenseitige Akzeptanz und Wertschätzung erst durch einen eigenen integrierenden Ansatz leisten zu müssen. Hierin liegt u.a. eine wichtige Erklärung dafür, daß das Schwergewicht bei den organisatorischen Ansätzen lag und auf dieser Ebene auch erste Schritte unternommen wurden, das Problem praktisch anzugehen, so beispielsweise durch die Schaffung von "Beratungsstellen für Volkshochschulfragen" an den Hochschulen (vgl. Kapitel 2.2). Wenngleich diesen Vorstößen der Erfolg verwehrt blieb, so war es für die spätere Entwicklung doch wichtig zu erfahren, wie schwierig es sein konnte, in einen Dialog zwischen Volkshochschule und Hochschule einzutreten.

Blieb die Forderung nach wechselseitiger Durchdringung von Hochschule und Erwachsenenbildung in den vorausgegangenen historischen Epochen weitgehend ein uneingelöstes Postulat, so gelang es *nach 1945* durch die Verknüpfung extra− und intramuraler Aktivitäten aufzuzeigen, welche praktischen Vorteile aus einer solchen Zusammenarbeit für beide Kooperationspartner erwachsen können. Die *Universitäts−bzw. Seminarkurse* (vgl. Kapitel 3.2) wirkten sich auf die gesamte Erwachsenenbildung positiv aus. Didaktisch−methodische Neuerungen, aber auch das tendenzielle Abrücken von einer überwiegend an bildungsbürgerlichen Zielvorstellungen orientierten, unkritischen Wissens− und Kulturvermittlung, wurden zumindest begünstigt durch die in den Seminarkursen vollzogene Hinwendung zu intensivieren, arbeitsgemeinschaftlichen Formen der Bildungsarbeit und die damit einhergehende Besinnung auf ihre aufklärerische Funktion. Es ist insofern sicherlich richtig, der extramuralen Arbeit eine allgemeine Innovationsfunktion für die Erwachsenenbildung zuzuschreiben (vgl. hierzu auch Pöggeler/Knoll/Schulenberg 1982, S. 173). Umgekehrt zeigte die Außenarbeit auch Rückwirkungen auf die Hochschule. Im wesentlichen sind hier drei Aspekte zu nennen: (1) Auf der eher persönlichen Ebene werden vielfach die aus der Begegnung mit den Anschauungen und Problemen der berufstätigen Bevölkerung gewonnenen theoretischen Anregungen sowie die praktische Lehrerfahrung positiv vermerkt (vgl. Raapke 1961, S. 216; Balser 1965, S. 154). (2) Ohne von einem ursächlichen Bedingungsverhältnis sprechen zu wollen, schärfte die Erfahrung der extramuralen Arbeit sicherlich das Bewußtsein für die in den 60er Jahren einsetzenden Diskussionen um die Wissenschafts− und Hochschuldidaktik. (3) Schließlich gelang es, die Voraussetzungen und Bedingungen des Gegenstandbereichs Erwachsenenbildung in teilweise interdisziplinär angelegten Projekten wissenschaftlich zu untersuchen. Diese verstärkte Einbeziehung der Erwachsenenbildung in die Forschung trug ganz entscheidend zu einer Verbesserung im Verhältnis Universität − Erwachsenenbildung bei (vgl. Meißner 1969, S. 190). Die Basis für die wechselseitige Annäherung war dabei zweifellos die gemeinsame Verpflichtung von Hochschule und Erwachsenenbildung gegenüber einer sich demokratisierenden Industriegesellschaft.

Entsprechend der sowohl *chronologisch* wie *problembezogenen* Anlage der Untersuchung schließt sich an die überblicksartige Darstellung der zeitlichen Abfolge einzelner historischer Phasen universitärer Erwachsenenbildung in ihren charakteristischen

Merkmalen nun die spezifische Behandlung von Einzelfragen an. Ich werde dabei in komprimierter Form auf die Begründungszusammenhänge universitärer Erwachsenenbildung, ihre Inhalte, Methoden und Organisationsformen sowie abschließend auf das Verhältnis von Wissenschaft und Lebenspraxis eingehen. Ziel dieses Vorgehens ist es, durch verschiedene Zugangsweisen der Komplexität des untersuchten Gegenstandes gerecht zu werden.

Wie ein roter Faden zieht sich durch die Geschichte der universitären Erwachsenenbildung die philosophisch − anthropologische *Begründung*, mittels volkstümlicher Hochschulkurse, Arbeitsgemeinschaften bzw. Seminarkursen zum selbstverantwortlichen Denken, Urteilen und Handeln beizutragen. Ungeachtet dieser grundsätzlichen Übereinstimmung bezüglich der aufklärerischen Zielsetzung lassen sich in den Argumentationsweisen auf strategisch − legitimatorischer Ebene beträchtliche Differenzen feststellen. Im Kaiserreich leitete die Universitätsausdehnungsbewegung ihre Existenzberechtigung primär aus der Hoffnung auf sozial − politische Wirkungen ab. Die volkstümlichen Hochschulkurse sollten dem sozialen Ausgleich zwischen unterschiedlichen gesellschaftlichen Schichten dienen. Ethisch − humane und volkswirtschaftliche Rechtfertigungen wurden diesem, letztlich nicht einholbaren Anspruch vielfach untergeordnet. Das Streben nach gesellschaftlicher Anerkennung veranlaßte die Volkshochschulbewegung der Weimarer Republik, eine noch weitaus größere Integrationsleistung zu versprechen. Mit der Forderung nach *Volk* − Bildung durch Volks*bildung* offenbarte die 'neue Richtung' den Kernpunkt ihres politisch − andragogischen Selbstverständnisses. Angesichts der existierenden politischen, ökonomischen und sozialen Widersprüche war das Ziel der gemeinschaftsbildenden Funktion jedoch zum Scheitern verurteilt. Nach 1945 suchte die (universitäre) Erwachsenenbildung ihren Stellenwert im Bildungssytem durch den Hinweis auf ihre Leistung im Rahmen des gesellschaftlichen Demokratisierungsprozesses zu untermauern. Wie dies allerdings konkret geschehen sollte, darüber herrschte zwischen der offiziellen Re − education − Politik der Besatzungsmächte und den, aus dem Exil zurückgekehrten, Volksbildnern keine Übereinstimmung. Es fehlte zwar nicht an dem verbalen Bekenntnis zur gesellschaftlichen Verantwortung der Universität, das seine Konkretion in der Forderung nach Mitwirkung der Volkshochschule in der Erwachsenenbildung fand, doch die Praxis blieb hinter diesem Postulat weitgehend zurück. So unterschiedlich die Legitimationsfiguren universitärer Erwachsenenbildung in den verschiedenen Epochen auch waren, gemeinsam ist ihnen nicht nur der Versuch einer politischen Instrumentalisierung bzw. Selbstverpflichtung, sondern auch die geringe Wirkung dieser Strategien.

Auf der *inhaltlichen, methodischen und organisatorischen* Ebene sind trotz der historischen Brüche durchgehende Entwicklungslinien im Verständnis universitärer Erwachsenenbildung erkennbar. Die Inhalte der volkstümlichen Hochschulkurse erstreckten sich auf sämtliche Wissensgebiete, ausgeschlossen blieben lediglich solche Themen, die politische, soziale oder religiöse Streitfragen berührten. Zwar hielt die andragogische Volksbildung in der Weimarer Republik grundsätzlich an dem Neutralitätspostulat fest, doch dies bedeutete keinesfalls, daß der Auseinandersetzung mit Weltanschauungsfragen aus dem Weg gegangen wurde, im Gegenteil, die intensive Beschäftigung mit unterschiedlichen Grundüberzeugungen galt als eine zentrale Voraussetzung für die Herausbildung des eigenen Standpunktes. Besondere thematische Akzentuierungen bzw. Beschränkungen sind der extramuralen Arbeit nach dem Zweiten Weltkrieg fremd; man bemühte sich, das gesamte Spektrum möglicher Inhalte in den Seminarkursen abzubilden. Die deutlichsten Fortschritte in der Praxis universitärer Erwachsenenbildung lassen sich auf methodisch−didaktischer Ebene ausmachen. Mit dem Schritt vom reinen Vortragsbetrieb der Ausdehnungsbewegung hin zum Prinzip der Arbeitsgemeinschaft in der Weimarer Zeit wurde eine prinzipiell bis heute gültige Umorientierung vollzogen. Den in der extramuralen Arbeit tätigen Erwachsenenbildnern stellte sich nach 1945 die Aufgabe, die methodischen Errungenschaften der 20er Jahre wieder aufzugreifen und sie in Einklang mit ausländischen Erkenntnissen sowie eigenen aktuellen Situationsbedürfnissen fortzuentwickeln. Auch die organisatorisch−institutionelle Verankerung des Weiterbildungsengagements der Hochschulen kann als ein Entwicklungsprozeß betrachtet werden. Dem gescheiterten Versuch einer offiziellen Eingliederung volkstümlicher Hochschulkurse in die bestehende Universitätsstruktur vor dem Ersten Weltkrieg folgte die funktionale Ausdifferenzierung des Bildungs− und Hochschulsystems mit der Gründung von Volkshochschulen als eigenständigen Institutionen in der Weimarer Republik. Dies hatte eine nahezu vollständige Separierung der Bildungsarbeit von Hochschule und Volkshochschule zur Folge. Erst nach dem Zweiten Weltkrieg gelang es, unter Anerkennung der historisch gewachsenen Strukturen, die Zusammenarbeit von tertiärem und quartärem Sektor in der extramuralen Arbeit neu zu beleben.

Betrachtet man das Verhältnis von *Wissenschaft und Lebenspraxis*, so fällt auf, daß in den drei unterschiedenen historischen Phasen jeweils strukturelle Kongruenzen zwischen theoretisch−konzeptionellen und praktisch−organisatorischen Dimensionen existieren.

In der Universitätsausdehnungsbewegung korrespondierte die organisatorische Ausgrenzung der andragogischen Volksbildung aus der Hochschule mit einer Vorstellung von Wissenschaft und Alltag als voneinander unabhängigen geistigen Welten; die Vermittlung zwischen beiden war nur vorstellbar als einseitige karitative Zuwendung von oben nach unten in Form der Popularisierung. Ungeachtet der weitgehenden Negierung von Hörerinteressen, zeigten die Besucher der volkstümlichen Hochschulkurse in ihrer Themenwahl das deutliche Bestreben nach beruflicher Verwertbarkeit der Bildungsangebote.

Die gescheiterten Versuche, eine institutionelle Verknüpfung zwischen Universität und Volkshochschule in der Weimarer Zeit herzustellen, fanden ihre Entsprechung einerseits in einer kritischen Haltung gegenüber der traditionellen Wissenschaft auf seiten der Volksbildungsvertreter sowie andererseits dem fehlenden Bewußtsein weiter Teile der Hochschullehrerschaft für die gesellschaftliche Verantwortung der Universität. Die Vermittlung zwischen Wissenschaft und Alltag unter dem Paradigma der 'Lebensordnung' (vgl. Kapitel 2.3) blieb dem Geschick der Volksbildner und der persönlichen Initiative der Teilnehmer überlassen. Diese gaben sich keineswegs mit der vielfach intendierten Konzentration auf die allgemeinbildende Funktion von Bildung zufrieden, sondern verfolgten mit ihrem Kursbesuch auch dezidiert utilitaristische Zwecke.

Aus dem Bemühen um eine gesellschaftliche Demokratisierung erwuchsen nach dem Zweiten Weltkrieg neue Impulse für eine Annäherung von Universität und Erwachsenenbildung. Die institutionelle Verschränkung extra— und intramuraler Aktivitäten auf dem Feld der universitären Erwachsenenbildung förderte die Einsicht in die Notwendigkeit einer stärkeren theoretischen Verknüpfung fachwissenschaftlicher und problembezogener Ansätze. Mit der vorsichtigen Hinwendung zu teilnehmerorientierten Konzepten wurde die Folgerung aus einer Erfahrung gezogen, die uns bereits aus den beiden vorangegangenen historischen Epochen vertraut ist und die sich in der Praxis der Seminarkurse erneut zeigte: Es besteht ein äußerst enger Zusammenhang zwischen den sich im Kurswahlverhalten dokumentierenden Bildungswünschen der Teilnehmer und ihrer beruflich—sozialen Situation.

Versucht man eine *Bilanz* der bisherigen Geschichte universitärer Erwachsenenbildung zu ziehen, so ist eines unverkennbar: Erwachsenenbildung und Hochschule haben sich in einem mühsamen Prozeß aufeinander zubewegt und verstehen sich zunehmend als gleichberechtigte Partner, die gegenseitig voneinander profitieren. Die Universität vermag die Arbeit der Erwachsenenbildung zu bereichern und die Erfahrungen der Erwachsenenbildung können die Lehre und Forschung der Hochschule befruchten. Damit sind die Voraussetzungen für ein Verständnis von universitärer Erwachsenenbildung als einem Medium der Vermittlung zwischen Wissenschaft und gesellschaftlicher Praxis geschaffen (vgl. hierzu Schäfer 1988).

Anmerkungen

1) Als ein Vorläufer und Wegbereiter der universitären Vortragszyklen ist K.B. Brühl, Professor für Zootomie an der Wiener Universität, zu nennen, der bereits in den Jahren von 1863 bis 1890 in seinem Institut eine Reihe von volkstümlichen Vorlesungen veranstaltete. Es handelte sich dabei nicht um Einzelvorträge, sondern um Kurse, die sich über ein ganzes Semester erstreckten. Das Publikum dieser Universitätskurse setzte sich aus allen Bevölkerungsschichten, vornehmlich aber der Arbeiterschaft, zusammen (vgl. hierzu Czwiklitzer 1912, S. 108).

2) Auf die Frage, ob die freie Volksbildungsarbeit der Leitung der Universität unterstellt werden solle, antwortete Professor Natorp (Marburg) auf dem V. Deutschen Volkshochschultag (1912) mit einem klaren Nein: "Jede staatliche Bevormundung droht aber ... den wesentlichen Zweck der Volksbildungsarbeit, ..., bei der gegebenen Lage der Dinge geradezu zu vereiteln" (1912, S. 11).

3) Mit der Unterscheidung von Begründungs— und Legitimationsebene folge ich Schulenberg (1980).

4) Vgl. "Die Institution der volkstümlichen Universitätskurse". In: Zentralblatt für Volksbildungswesen 10 (1910), 4/5, S. 49 — 90. Wenn im folgenden nicht anders vermerkt, so beziehen sich die Angaben auf diese Untersuchung.

5) Robert von Erdberg, Referent für volkstümliche Hochschulkurse der Berliner "Zentralstelle für Arbeiterwohlfahrtseinrichtungen" (später: "Zentralstelle für Volkswohlfahrt"), gab auf dem V. Deutschen Volkshochschultag (1912) unumwunden zu: "Die Vielseitigkeit der in den Antworten zutage tretenden Interessen zwingt doch die Geschäftsführung zur eigenen Entscheidung bei der Zusammenstellung der Kurse, bei der die angesprochenen Wünsche nicht in Betracht kommen. Aus dem einfachen Grunde nicht, weil wir in Berlin die Kurse nicht nach den Wünschen der Hörer, sondern nach dem Vorhandensein von Vortragenden zusammenstellen" (Bericht über die Verhandlungen des V. Deutschen Volkshochschultages, Berlin 1912, S. 91f.).

6) Als Utilitarismus bezeichnet man den Nützlichkeitsstandpunkt in der Ethik. Seine klassischen Vertreter sind J. Bentham, J.St. Mill und H. Sidgwick. Der Utilitarismus ist Moralphilosophie im Sinne einer normativen Ethik. Menschliches Handeln wird sozialpragmatisch auf das allgemeine Wohlergehen verpflichtet. Die ethische Position des Utilitarismus kann wie folgt umschrieben werden: Nur dasjenige Handeln ist richtig, welches "das größtmögliche Glück der größtmöglichen Zahl von Menschen" (Bentham) erstrebt.
Die Richtigkeit der Handlungen bzw. Handlungsregeln bestimmt sich von der Qualität ihrer Konsequenzen; Maßstab für die Beurteilung der Folgen ist ihr Nutzen. Je nachdem ob der Zweck des sittlichen Handelns in der Wohlfahrt des einzelnen oder in der Förderung des Gesamtwohls der Gesellschaft gesehen wird, spricht man von einem individualistischen bzw. sozialen Utilitarismus. Die Maxime des sozialen Utilitarismus, der uns auch in der Ausdehnungsbewegung begegnet, lautet: "Handle so, daß die Folgen deiner Handlung bzw. Handlungsregel für das Wohlergehen aller Betroffenen optimal sind" (Höffe 1975, S. 10).
Ferner ist zwischen dem Handlungs— und dem Regelutilitarismus zu unterscheiden: "Sowohl im Handlungsutilitarismus wie im Regelutilitarismus ist das höchste Kriterium für moralische Verbindlichkeit, das allgemeine Wohlergehen, der Prüfstein für die moralische Richtigkeit einer Handlung. Der Beurteilungsprozeß ist im ersten Fall jedoch einstufig, im anderen Fall zweistufig. Nach dem Handlungsutilitarismus ist jene Handlung moralisch richtig, deren Folgen zu einem Maximum an allgemeinem Wohlergehen führen; nach dem Regelutilitarismus ist es jene Handlung, die mit solchen Handlungsregeln konform geht, die, als Regel befolgt, das Maximum an Wohlergehen befördern" (Höffe 1975, S. 21f.; vgl. hierzu auch Hoerster 1971, Williams 1979).

Wenngleich Kant sich entschieden gegen jede eudämonische Ethik wandte, als deren moderne Ausprägung der Utilitarismus vielfach verstanden wird, so folgt daraus nicht zwangsläufig die prinzipielle Unvereinbarkeit der Kantschen Ethik mit der utilitaristischen Ethik. Vergegenwärtigt man sich, daß Bentham und Mill der Utilitarismus auch als wissenschaftliches Instrumentarium für eine radikale Kritik der sozialen Verhältnisse sowie des feudalistischen Rechtssystems diente, so wird deutlich, welche aufklärerische Rolle dem Prinzip des Utilitarismus als Prüfstein für das moralische Bewußtsein der damaligen gesellschaftlichen Funktionseliten zuzumessen ist. Berücksichtigt man des weiteren den Unterschied zwischen Handlungs− und Regelutilitarismus, so eröffnet sich meines Erachtens ein Interpretationsspielraum, der es prinzipiell zuläßt, Kant's kategorischen Imperativ ("Handle so, daß die Maxime deines Willens jederzeit zugleich als Prinzip einer allgemeinen Gesetzgebung gelten könne") und die Handlungsmaxime des Utilitarismus, im Sinne eines regulativen Ziels, aufeinander zu beziehen: Es ist zumindest nicht von vornherein auszuschließen, die ethische Theorie der Verpflichtungsurteile (Utilitarismus) als *eine* mögliche, historisch bedingte, empirische Manifestation des Kantschen formalen Pflichtgebots zu verstehen, ohne dabei zu leugnen, daß das Sittengesetz nach Kant, unabhängig von zeitlichen und persönlichen Faktoren, ein reines Vernunftsprinzip a priori darstellt.

7) Als Neukantianismus wird jene, zwischen 1870 und 1920 in Deutschland vorherrschende, philosophische Richtung bezeichnet, die eine kritische Rückbesinnung auf Kant forderte und dabei erkenntnistheoretische Aspekte in den Vordergrund rückte. Neukantianer sind für W. Moog (1922, S. 210) all jene, "die sich ausdrücklich zum Kritizismus und zum transzendentalen Idealismus bekennen und die logisch−erkenntnistheoretische Tendenz noch stärker als Kant selbst betonen, die alle psychologischen und metaphysischen Reste aus Kants Philosophie entfernen wollen, um ein einheitliches logisch−erkenntnistheoretisches System zu gewinnen". Innerhalb des Neukantianismus lassen sich zwei Hauptrichtungen unterscheiden, die "Marburger Schule" und die "Südwestdeutsche" bzw. "Badische Philosophenschule". Die von H. Cohen und P. Natorp begründete "Marburger Schule" versteht "Philosophie als Theorie der exakten Wissenschaften und sucht, an Kant's transzendentale Deduktion anknüpfend, die logischen Bedingungen besonders der Naturwissenschaften und Mathematik aufzuhellen" (Müller/Halder 1971, S. 161). Die Vertreter der "Südwestdeutschen Schule", W. Windelband und H. Rickert, wandten sich stärker den Geistes− und Kulturwissenschaften zu und versuchten diese in ihrer "wertbestimmten und individualisierenden Methode gegenüber den sogenannten wertfreien und generalisierenden Naturwissenschaften" (ebd., S. 41) abzugrenzen und zu begründen (vgl. hierzu auch Störig 1969. Bd. 2, S. 213ff.; Holzhey 1984, S. 747ff.).

8) Bereits 1866 hatte der Sprachforscher Rudolf H. von Raumer diesen Anspruch formuliert: "... der Vortragende wird sich die sorgfältigste Rechenschaft von dem Bildungsgrad zu geben haben, den er bei seinen Zuhörern voraussetzen darf. An die Kenntnisse, die sie mitbringen, hat er anzuknüpfen und von diesem Gegebenen aus hat er sie in solcher Weise weiter zu führen, daß sie seinem Vortrag wirklich zu folgen im Stande sind" (Raumer, R.v. 1867, S. 8).

9) Nicht zufällig trug die von Picht, Erdberg und Hollmann herausgegebene Monatsschrift für das gesamte Volkshochschulwesen den Titel "Arbeitsgemeinschaft".

10) Vgl. hierzu den Gedankenaustausch zwischen Viktor von Weizsäcker (1922) und Werner Picht (1922) in der "Arbeitsgemeinschaft".

11) Vgl. hierzu das "Rundschreiben der Universität Göttingen an die Städte in Niedersachsen" aus dem Jahre 1919 (abgedruckt in: Krüger 1982a, S. 108).

12) Neben den Veranstaltungen der Volkshochschulen wurden vereinzelt zwar auch noch Hochschulkurse durchgeführt, diese waren für das andragogische Volksbildungswesen insgesamt jedoch nur von marginaler Bedeutung. Vorschläge zur organischen Verschmelzung beider Bildungsorganisationen stießen auf den Widerstand der Volkshochschulvertreter. Ihre Begründung fand diese ablehnende Haltung in der Befürchtung einer Nivellierung der unterschiedlichen Zielsetzungen der Bildungsarbeit, den methodisch−didaktischen Unzulänglichkeiten der

volkstümlichen Hochschulkurse sowie dem Ansinnen eine hierarchische Stufung des Angebots zwischen akademischen und Volkshochschulkursen auf einem vermeintlich höheren bzw. geringeren Niveau einzuführen (vgl. hierzu Akademische Kurse und Volkshochschule 1926, S. 182).

13) Vgl. hierzu die Publikation von Tietgens (1969) unter dem Titel "Erwachsenenbildung zwischen Romantik und Aufklärung".

14) Ich zitiere im folgenden nach der leicht revidierten Fassung des Beitrages aus dem Jahre 1926.

15) Ich zitiere im folgenden nach der unter dem Titel "Bildung und Wissen" erschienenen 3. Auflage dieses Vortrages von 1947.

16) Die Ursachen für eine Diskreditierung der Wissensvermittlung sieht Schulenberg (1961, S. 159ff.) erstens in dem methodischen Mißverständnis, der Vortrag sei der einzige bzw. wichtigste Weg der Wissensvermittlung, zweitens in Abgrenzungsbestrebungen gegenüber dem Schulsystem und drittens in der Vernachlässigung praktischer Probleme der Volksbildung gegenüber den Diskussionen über Sinn und Wesen der Volkshochschulbewegung.

17) Auf diesen Aspekt weist Krüger (1982, S. 31f.) hin, wenn er glaubt erkannt zu haben, daß bei Scheler "eine Auseinandersetzung zwischen Wissenschaftswissen und Erfahrungs- und Handlungswissen der Teilnehmer ... zwar nicht explizit ausgeschlossen" werde, diese Annahmen aber "aufgrund der vorausgesetzten Dominanz des Wissenschaftswissens nicht in das Systemmodell" passen. Diese Feststellung unterstellt Scheler eine uns heute geläufige Typologie der Wissensformen, die aber nicht kompatibel mit der von ihm selbst entwickelten ist und schon deshalb am Kern des Problems vorbeigeht. Nicht die theoretischen Annahmen sind die Ursache für die Vorherrschaft einer bestimmten Wissensform, sondern diese liegt in den externen Legitimationsfunktionen des Bildungssystems.

Scheler selbst hat die einseitige Betonung des Leistungswissens in Form der arbeitsteiligen positiven Fachwissenschaften kritisiert (1947, S. 27) und ausdrücklich betont: "Keine der drei Arten des Wissens kann die andere je 'ersetzen' oder 'vertreten'. Wo die eine Art die beiden anderen ... so zurückdrängt, daß sie schließlich die Alleingeltung und −herrschaft beansprucht, da entsteht für die Einheit und Harmonie des gesamten kulturellen Daseins des Menschen ... ein schwerer Schaden" (ebd., S. 30f.). Das Gebot der Stunde lautet deshalb für ihn, Ausgleich und Ergänzung der Wissensformen.

18) Vgl. "Förderung der Volkshochschulbewegung. Erlaß des Ministers für Wissenschaft, Kunst und Volksbildung vom 23. April 1919". In: Zentralblatt für die gesamte Unterrichtsverwaltung in Preußen. Berlin 61 (1919), S. 419 − 421; vgl. "Schaffung von Beratungsstellen für Volkshochschulen an den Universitäten. Erlaß des Ministers für Wissenschaft, Kunst und Volksbildung vom 30. April 1919". In: Zentralblatt für die gesamte Unterrichtsverwaltung in Preußen. Berlin 61 (1919), S. 424 − 425.

19) Ich zitiere im folgenden nach der 1926 veröffentlichten Fassung des von Picht gehaltenen Vortrages.

20) Vgl. "Volkshochschulstellen. Erlaß des Ministers für Wissenschaft, Kunst und Volksbildung vom 10. Dezember 1920". In: Zentralblatt für die gesamte Unterrichtsverwaltung in Preußen. Berlin 63 (1921), S. 25 − 26.

21) Ich zitiere im folgenden nach der 2. Auflage von 1931.

22) Vgl. zur Aufgabenstellung der "Deutschen Schule für Volksforschung und Erwachsenenbildung": Flitner (1927/28).

23) Vgl. den kommentierten "Auszug aus dem Protokoll der Tagung 'Universität und Volkshochschule'". In: Krüger (1982a, S. 168 − 173); vgl. Bärtle 1929; vgl. Junius 1929; vgl. Herrigel 1929.

24) Bestätigt wird diese Auffassung sowohl durch die historischen Quellen als auch durch neuere wissenschaftliche Untersuchungen. Bezugnehmend auf das allzu vereinfachte Bild, das über das Verhältnis der Erwachsenenbildung zur Wissenschaft verbreitet worden ist, stellt Tietgens (1983, S. 12) selbstkritisch fest: "Auch der Verfasser ... hat sich zeitweilig daran beteiligt (Tietgens

1969). Zweifellos hat die Erwachsenenbildung der Weimarer Zeit die Präsentationsform der Wissenschaft und damit meist auch ihre methodischen Implikationen aufs Schärfste kritisiert. Nicht zutreffend ist indessen der Schluß, sie hätte ihre Funktion generell bezweifelt. Zwar hat sie die Tragfähigkeit der wissenschaftlichen Überlieferung in Frage gestellt, der sie Lebensferne, 'Menschenferne' vorwarf, aber damit wurde nicht behauptet, Erwachsenenbildung könne auf Dauer ohne Wissenschaft auskommen."

25) Allerdings handelte es sich dabei zumeist um indirekte Formen der wissenschaftlichen Anregung, die nur schwer zu quantifizieren sind. Es gab aber auch Vorstellungen, die darauf abzielten, diese Austauschbeziehung durch eine Erweiterung des Auftrages der Arbeitsgemeinschaft zu systematisieren und zu intensivieren. In Geigers (1921a, S. 291) Idee, vorgeschulte Arbeiter in gewissem Umfang an produktiver Forschung zu beteiligen, läßt sich eine Vorform dessen erkennen, was wir heute mit dem Prinzip des forschenden Lernens umschreiben.

26) Weitsch unterscheidet zwischen einer *Sozialisierung der Bildung*: "wobei wir unter Bildung jenes zweckhafte Wissen verstehen wollen, welches mit dem Intellekte erworben wird und zur materiellen Ausmünzung in irgendeiner Form fähig ist" und einer *Sozialisierung des Geistes*: "wobei wir unter Geist verstehen wollen das Ausgereiftsein einer seelischen Begabung, welches erworben wird durch eine vom Ich gelöste Betrachtung der Welt, und welches unabhängig ist von jeder Bildung" (Weitsch 1919, S. 11).

27) Vgl. hierzu die Ausführungen Manns auf der Heidelberger Tagung "Universität und Volkshochschule" (kommentierter Auszug aus dem Protokoll. In: Krüger 1982a, S. 169).

28) Die statistische Untersuchung von Engelhardt (1926) basiert auf der Auswertung von 18.000 den Eintrittskarten der Volkshochschule Groß–Berlin beigefügten "Fragezetteln" aus den Jahren 1920 bis 1922.

29) Engelhardt spricht hier von der Gruppe der Metallarbeiter, zu denen er Mechaniker, Schlosser, Werkzeugmacher, Dreher sowie Elektriker und Monteure zählt.

30) Dieser Gruppe werden die Kaufleute, Beamten und Techniker zugeordnet.

31) Die angeführten Resolutionen und Gutachten sind abgedruckt in: Dokumente zur Hochschulreform 1945 – 1959. Bearbeitet von Rolf Neuhaus. Wiesbaden 1961.

32) Ich beschränke mich hier auf die Entwicklung in der Bundesrepublik Deutschland.

33) In der Charakterisierung von Angebotsformen nach transitorischer, komplementärer und kompensatorischer Erwachsenenbildung folge ich der von Schulenberg (1964) geprägten Begrifflichkeit.

34) Kurt Meißner beschreibt die Anfänge des Seminars für Erwachsenenbildung wie folgt: "Die Seminarsitzungen führen nun Studenten der Universität, Dozenten der Volkshochschule, Gewerkschaftsfunktionäre, Personen, die im Rahmen der öffentlichen Kulturpflege die Erwachsenenbildung zu betreuen haben, zur Erörterung von grundsätzlichen Fragen der Erwachsenenbildung zusammen" (1953, S. 13). Die Tatsache, daß die Seminarveranstaltungen offen waren für alle an den Fragen der Erwachsenenbildung Interessierten innerhalb und außerhalb der Hochschule, verlieh ihnen einen besonderen Reiz.

35) An dieser Konferenz, die in der von Fritz Borinski geleiteten Heimvolkshochschule Jagdschloß Göhrde abgehalten wurde, beteiligten sich Vertreter von Hochschulen und Volkshochschulen, vorwiegend aus dem norddeutschen und westdeutschen Raum, Beamte des niedersächsischen und nordrhein–westfälischen Kultusministeriums, Repräsentanten des Deutschen Gewerkschaftsbundes sowie Experten der extramuralen Arbeit aus Großbritannien (vgl. Kebschull 1983, S. 15f.).

36) Dies geht aus einem Referat des niedersächsischen Kultusministers R. Voigt hervor, das er anläßlich einer Mitgliederversammlung des Landesverbandes der Volkshochschulen am 7.5.1950 hielt. In einer Passage seiner Rede, die sich auf das projektierte Institut bezieht, heißt es: "Wir haben außerordentliches Verständnis bei den führenden Männern der Universität für den Gedanken gefunden, in Vorlesungen und Übungen nicht nur Philologen, sondern Studierende aller Fakultäten, auch Mediziner, Juristen usw. für die Erwachsenenbildung zu interessieren und

dafür zu gewinnen, daß sie später aus ihrem Beruf heraus sich an der umfassenden Volkshoch-schularbeit als Lehrer beteiligen. Ich hoffe, daß wir auf diesem Gebiet vorwärts kommen und etwas hinstellen können, das der Erwachsenenbildung neue, junge und vorwärtsdrängende Kräfte zuführt" (zit. nach Kebschull 1983, S. 16f.).

37) In einer Niederschrift des Vorstandes des Landesverbandes der Volkshochschulen vom 6.1.1951 findet sich der folgende Abschnitt: "Zu dem Punkt Zusammenarbeit mit der Universität gibt Borinski einen detaillierten Überblick über die bisherige Entwicklung der Bemühungen zur Schaffung eines Instituts für Erwachsenenbildung an der Universität und die dabei aufgetretenen Schwierigkeiten. Ob.Reg.Rat Alfken ergänzt die Darstellungen. Nachdem Dr. Borinski die Leitung des Instituts abgelehnt habe, muß eine andere geeignete Persönlichkeit gefunden werden. Bis dahin kann in der Sache nichts weiter geschehen" (zit. nach Kebschull 1983, S. 17; vgl. hierzu auch Strzelewicz 1983, S. 23).

38) Einen ganz ähnlichen Gedanken äußerte in der Weimarer Zeit bereits Geiger (vgl. hierzu Kapitel 2.3).

39) Bemerkenswert ist in diesem Zusammenhang nicht so sehr das Faktum als solches, sondern die Reaktion hierauf. Wie aus dem Beitrag von Raapke (1961) hervorgeht, hatten die Göttinger nicht jene enge Beziehung zwischen Berufstätigkeit und Bildungsinteresse vermutet, wie sie anhand des statistischen Zahlenmaterials offenkundig wurde. Vor diesem Hintergrund ist es zu verstehen, wenn Raapke, bezugnehmend auf Äußerungen Strzelewicz feststellt: "Bildung könne also keineswegs mehr als ein dem gesellschaftlichen und beruflichen 'Alltag' abgewandtes Refugium angesehen werden, sondern die Tendenz zur untrennbaren Verpflechtung aller dieser Bereiche verstärkte sich offenbar immer mehr" (1961a, S. 159).

40) Vgl. hierzu Balser (1965, S. 154): "Eine Nebenwirkung der von Universitätslehrkräften geleite-ten Seminare liegt auch darin, daß die Institution Universität einzelnen Teilnehmern nicht mehr als so völlig fern, unbekannt und unzugänglich erscheint, wie bisher, was sich für Bildungswer-bung und Förderung der Begabungsreserven durchaus positiv auswirken kann. Es hat in den Seminaren Äußerungen von älteren Teilnehmern gegeben, es erscheine ihnen nun doch erwä-genswert, ihren Kindern ein Studium ermöglichen zu helfen."

Literaturverzeichnis

AKADEMISCHE KURSE UND VOLKSHOCHSCHULE. In: Freie Volksbildung 1 (1926), S. 182f.

ALTENHUBER, H.: Zur Geschichte der Universitätsausdehnung in Österreich. Vortragende und Methodik der volkstümlichen Universitätsvorträge, Teil I und II. In: Erwachsenenbildung in Österreich 23 (1972), 4, S. 169 – 176 und 23 (1972), 5, S. 233 – 243

ASSELMEYER, H. et al.: Studie zum didaktischen Handeln von Seminarkursdozenten. Göttingen 1982 (= Göttinger Beiträge zur Universitären Erwachsenenbildung, Heft 1)

AUFFORDERUNG zur Gründung einer "Gesellschaft für Verbreitung von Volksbildung". In: Der Arbeiterfreund 9 (1871), S. 80 – 84

BALLAUFF, Th.: Die Aufgaben der Erwachsenenbildung innerhalb unseres Bildungswesens. In: BALLAUFF, Th./ PÖGGELER, F. / BECKEL, A.: Gegenwartsaufgaben der Erwachsenenbildung. Osnabrück, Verlag A. Fromm 1965, S. 11 – 36

BALSER, F.: Universität und Erwachsenenbildung. In: Hessische Blätter für Volksbildung 15 (1965), 3, S. 153 – 155

BÄRTLE, J.: Universität und Volkshochschule. In: Volkstum und Volksbildung. Katholische Zeitschrift für die gesamte Erwachsenenbildung 1 (1929), 4, S. 217f.

BECKER, C.H.: Kulturpolitische Aufgaben des Reiches. Leipzig 1919

BECKER, C.H.: Gedanken zur Hochschulreform. Leipzig 1919a

BERICHT ÜBER DIE VERHANDLUNGEN DER TAGUNG FÜR VOLKSTÜMLICHE HOCHSCHULVORTRÄGE im Deutschen Sprachgebiete (Erster Deutscher Volkshochschultag) 1904 in Wien. Leipzig 1905

BERICHT ÜBER DIE VERHANDLUNGEN DES V. DEUTSCHEN VOLKSHOCHSCHULTAGES am 18., 19., 20. und 21. April 1912 in Frankfurt am Main in der Akademie für Sozial – und Handlungswissenschaften. Berlin, Carl Heymanns Verlag 1912

BERICHT ÜBER DIE VOLKSTHÜMLICHEN UNIVERSITÄTSVORTRÄGE im Studienjahre 1896/97. Wien 1897

BERICHT ÜBER DIE VOLKSTHÜMLICHEN UNIVERSITÄTSVORTRÄGE im Studienjahre 1899/1900. Wien 1900

BERICHT ÜBER DIE VOLKSTHÜMLICHEN UNIVERSITÄTSVORTRÄGE im Studienjahre 1900/01. Wien 1901

BLANKERTZ, H.: Berufsbildung und Utilitarismus. Düsseldorf, Schwann 1963

BLÄTTNER, F.: Volksbildung und Universität. In: Kulturarbeit 3 (1951), 2, S. 39f.

BLÄTTNER, F.: Die Wissenschaft in der Volksbildung. In: Blätter für Erwachsenenbildung in Schleswig–Holstein 5 (1955), 6, S. 102 – 105

BLÄTTNER, F.: Universität und Erwachsenenbildung. In: Volksbildung in Hessen 6 (1956), S. 282 – 288. Wiederabdruck in: Hessische Blätter für Volksbildung 26 (1976), 4, S. 427 – 433

BLEEK, W.: Versuch eines kritischen Rückblicks. In: BORINSKI, F. (Hrsg.): Universitäre Erwachsenenbildung in Berlin. Berlin 1971, S. 71 – 74

BODE, W.: Was können Universitäten und technische Hochschulen für Volksbildung und Arbeiterwohl leisten? In: Der Arbeiterfreund 26 (1888), S. 49 – 55

BODE, W.: Werke freier Volksbildung. In: Der Arbeiterfreund 28 (1890), S. 225 – 245

BOHMANN, K./ LOHRE, A.: Analyse der statistischen Daten (1962–1974) zur Seminarkurstätigkeit der Zentralstelle für auswärtige Seminarkurse. In: Universitäre Erwachsenenbildung in Niedersachsen. Hrsg. von der ZENTRALSTELLE FÜR WEITERBILDUNG DER GEORG–AUGUST–UNIVERSITÄT GÖTTINGEN. Göttingen 1983, S. 106 – 136

BÖHMERT, V.: Hochschulen und Volksakademien. In: Der Arbeiterfreund 13 (1875), S. 193 – 199

BÖHMERT, V.: Populäre Unterrichtskurse über Volkswirtschaftslehre. In: Der Arbeiterfreund 32 (1894), S. 6 – 16

BORDEMANN, G.: Erfahrungen mit Universitätskursen in Berliner Betrieben. In: BORINSKI, F. (Hrsg.): Universitäre Erwachsenenbildung in Berlin. Berlin 1971, S. 128 – 130

BORINSKI, F.: Universität und Volkshochschule. In: Kulturarbeit 1 (1949), 7, S. 162 – 163

BORINSKI, F.: Der Weg zum Mitbürger. Die politische Aufgabe der freien Erwachsenenbildung in Deutschland. Düsseldorf; Köln, Eugen Diederichs Verlag 1954

BORINSKI, F.: Aktive Minderheiten, passive Mehrheiten und die Demokratie. In: Berliner Arbeitsblätter für die deutsche Volkshochschule 22 (1963), 20/21, S. 1 – 14

BORINSKI, F.: Universität – Erwachsenenbildung. Zur verantwortlichen Beteiligung der Universität an der Erwachsenenbildung. In: Neue Sammlung 3 (1963a), 5, S. 418 – 425

BORINSKI, F.: Internationale Ferienkurse an der Freien Universität Berlin. In: Hessische Blätter für Volksbildung 16 (1966), 3, S. 293 – 297

BORINSKI, F.: Die universitäre Erwachsenenbildung als Aufgabe und Ort der deutschen Bildungsreform. In: ROEDER, P.–M. (Hrsg.): Pädagogische Analysen und Reflexionen. Weinheim, Beltz 1967, S. 393 – 410

BORINSKI, F. (Hrsg.): Universitäre Erwachsenenbildung in Berlin. Berlin 1971

BORINSKI, F.: Geschichte und Problematik der universitären Erwachsenenbildung in Berlin. In: ders. (Hrsg.): Universitäre Erwachsenenbildung in Berlin. Berlin 1971, S. 1 – 20

BORINSKI, F.: Das Neuköllner Experiment. In: ders. (Hrsg.): Universitäre Erwachsenenbildung in Berlin. Berlin 1971a, S. 80 – 85

BRENNER, E.: Universität, Volksbildung und Demokratie. In: Freie Volksbildung 1 (1947), S. 9 – 12

BRÜGEL: Moderne Volksbildungsbestrebungen. In: Pädagogische Blätter für Lehrerbildung und Lehrerbildungsanstalten 33 (1904), 10, S. 442 – 449; 11, S. 481 – 496; 12, S. 529 – 544

BÜCHNER, G.: Die Arbeit des Sekretariats für Erwachsenenbildung – Bilanz und zukünftige Aufgaben. In: BORINSKI, F. (Hrsg.): Universitäre Erwachsenenbildung in Berlin. Berlin 1971, S. 21 – 36

BUNGENSTAB, K.–E.: Umerziehung zur Demokratie? Re–education–Politik im Bildungswesen der US–Zone 1945 – 49. Düsseldorf, Bertelsmann 1970

BURMEISTER, W.: Adult Education for a New Society. In: HEARNDEN, A. (ed.): The British in Germany. Educational Reconstruction after 1945. London 1978, S. 241 – 252

CZWIKLITZER: Einrichtungen und Betrieb des naturwissenschaftlichen Unterrichts an den Wiener Volksbildungsinstituten. In: Bericht über die Verhandlungen des V. Deutschen Volkshochschultages. Berlin 1912, S. 107 – 124

DEUTSCHER AUSSCHUß FÜR DAS ERZIEHUNGS– UND BILDUNGSWESEN: Zur Situation und Aufgabe der deutschen Erwachsenenbildung. Empfehlungen und Gutachten, Folge 4. Stuttgart, Klett 1960

DOERRY, G.: Die Universitätskurse der Freien Universität. In: Berliner Arbeitsblätter für die Deutsche Volkshochschule (1962), 19, S. 144 – 152

DOERRY, G.: Zur Didaktik der universitären Erwachsenenbildung. In: Neue Sammlung 5 (1965), 4, S. 352 – 362

DOERRY, G.: Die Abendvorträge der Freien Universität. In: BORINSKI, F. (Hrsg.): Universitäre Erwachsenenbildung in Berlin. Berlin 1971, S. 37 – 51

DOKUMENTE ZUR HOCHSCHULREFORM 1945 – 1959. Bearbeitet von Rolf Neuhaus. Wiesbaden, Franz Steiner Verlag 1961

DRÄGER, H.: Die Gesellschaft für Verbreitung von Volksbildung. Eine historisch–problemgeschichtliche Darstellung von 1871 – 1914. Stuttgart, Klett 1975

DRÄGER, H. (Hrsg.): Volksbildung in Deutschland im 19. Jahrhundert, Band 1. Braunschweig, Westermann 1979

DRÄGER, H.: Aus gegebenem Anlaß: Thesen zum Verhältnis von Historie und Theorie in der Wissenschaft von der Erwachsenenbildung. In: Theorien zur Erwachsenenbildung. Beiträge zum

Prinzip der Teilnehmerorientierung. Hrsg. von der SEKTION ERWACHSENENBILDUNG DER DEUTSCHEN GESELLSCHAFT FÜR ERZIEHUNGSWISSENSCHAFT. Bremen 1981, S. 1 – 14

DRÄGER, H. (Hrsg.): Volksbildung in Deutschland im 19. Jahrhundert, Band 2. Bad Heilbrunn/ Obb., Klinkhardt 1984

ENGELHARDT, V.: Die Bildungsinteressen in den einzelnen Berufen. In: Freie Volksbildung 1 (1926), S. 226 – 236 und S. 314 – 341

ERDBERG, R. von: Betrachtungen zur alten und neuen Richtung im freien Volksbildungswesen. In: Soziale Arbeit im neuen Deutschland. Mönchen – Gladbach 1921, S. 245 – 260

ERLANGER UNIVERSITÄTS – AUSSCHUß FÜR VOLKSBILDUNG. In: Amtsblatt der Militärregierung und des Oberbürgermeisters der Stadt Erlangen, Nr. 54, 26.4.1946, S. 4. Abgedruckt in: KRÜGER, W.: Wissenschaft, Hochschule und Erwachsenenbildung. Braunschweig, Westermann 1982a, S. 200f.

FICHTE, J.G.: Reden an die deutsche Nation. Leipzig 1916 (Unveränderter Neudruck der Ausgabe von 1808)

FINK, F.A.K.: Aus dem Volksleben. Ein Beitrag für Volks – und Volksbildungskunde. Prenzlau 1822

FISCHER, K.G.: Universität und Erwachsenenbildung. In: Volkshochschule im Westen 7 (1955), 7/8, S. 63 – 67

FLITNER, W.: Aufgaben einer Deutschen Schule für Volksforschung und Erwachsenenbildung. In: Die Erziehung 3 (1927/28), S. 626 – 636

FLITNER, W.: Laienbildung. Berlin; Langensalza; Leipzig, Beltz 1931[2]

FLITNER, W.: Universität und Volkshochschule. In: Kulturarbeit 4 (1952), 4, S. 75 – 76

FÖRDERUNG DER VOLKSHOCHSCHULBEWEGUNG. Erlaß des Ministers für Wissenschaft, Kunst und Volksbildung vom 23. April 1919. In: Zentralblatt für die gesamte Unterrichtsverwaltung in Preußen. Berlin 61 (1919), S. 419 – 421

FRISTER, E.: Die politische Dimension der Integration von allgemeiner und beruflicher Bildung. In: Allgemeine Deutsche Lehrerzeitung (1970), 12, S. 8 – 14

FUCHS: Volksthümliche Hochschulkurse. In: Die Erziehung des Volkes auf den Gebieten der Kunst und Wissenschaft. Berlin 1900, S. 11 – 79 (= Schriften der Centralstelle für Arbeiter – Wohlfahrtseinrichtungen Nr. 18)

FÜLGRAFF, B.: Aufgaben – und Selbstverständnis von Kursleitern in der Universitären Erwachsenenbildung. In: Hessische Blätter für Volksbildung 23 (1973), 3, S. 229 – 243

GEDANKEN ZUR HOCHSCHULREFORM: Neugliederung des Lehrkörpers. Hofgeismarer Kreis. Göttingen 1956

GEIGER, TH.: Die Rechtfertigung der modernen städtischen Volkshochschule. In: Die Hilfe 27 (1921), S. 525 – 527

GEIGER, TH.: Wissenschaft und Proletarier. In: Arbeiter – Bildung (1921a), 12, S. 289 – 291

GEIGER, TH.: Rechts – und Staatslehre an der Volkshochschule. In: Die Arbeitsgemeinschaft (1921b), S. 199 – 202

GEIGER, TH.: Gesellschaft und Recht als Aufgaben der Volkshochschul – Lehre. In: Die Arbeitsgemeinschaft 4 (1923), S. 33 – 54

GEIGER, TH.: Volkshochschule und Stadt Groß – Berlin. In: Archiv für Erwachsenenbildung 1 (1924), S. 75 – 83

GEIGER, TH.: Die Kultur – Aufgabe der Volkshochschule. Handzettel, o.O., o.J. Abgedruckt in: URBACH, D.: Die Volkshochschule Groß – Berlin 1920 bis 1933. Stuttgart, Klett 1971, S. 174 – 181

GEIRINGER, H.: Gedanken zur Lehrweise an Volkshochschulen. I. Lehrgegenstände. In: Die Arbeitsgemeinschaft 2 (1921), S. 13 – 24

GUTACHTEN ZUR HOCHSCHULREFORM vom Studienausschuß für Hochschulreform. Hamburg 1948

HARTMANN, L.M.: Zur Ausgestaltung der volkstümlichen Universitätskurse. In: Zentralblatt für Volksbildungswesen 1 (1901), S. 17 – 22

HARTMANN, L.M.: Bildung. In: Der Bildungs – Verein 33 (1903), 3, S. 51ff.

HARTMANN, L.M.: Diskussionsbeitrag. In: Bericht über die Verhandlungen des V. Deutschen Volkshochschultages. Berlin 1912, S. 165f.

HELLER, H.: Freie Volksbildungsarbeit. Grundsätzliches und Praktisches vom Volksbildungsamte der Stadt Leipzig. Leipzig 1924

HELMHOLTZ, H. von: Über das Streben nach Popularisierung der Wissenschaft. Vorrede zu der Übersetzung von Tyndall's "Fragments of Science". In: ders.: Vorträge und Reden, 2. Bd., Braunschweig 1903[5], S. 422 – 433

HENNICKER, R.: Die Arbeit der Universität. In: Kulturarbeit 3 (1951), 12, S. 247 – 249

HENNINGSEN, J.: Die Neue Richtung in der Weimarer Zeit. Stuttgart, Klett 1960

HERRIGEL, H.: Die heutige Bildung und die Volkshochschule. In: Frankfurter Zeitung vom 12./13. Dezember 1919

HERRIGEL, H.: Volkshochschule und Universität. In: Frankfurter Zeitung vom 25.5.1929

HIRSCH, E.E.: Abendstudium. In: Deutsche Universitätszeitung 9 (1954), 19, S. 7 – 9

HIRSCH, M.: Wissenschaftlicher Centralverein. Humboldt – Akademie. Skizze ihrer Tätigkeit und Entwicklung 1878 – 1896. Ein Beitrag zur Volkshochschul – Frage. Berlin 1896

HOCHSCHULE UND WEITERBILDUNG IN NIEDERSACHSEN. Stellungnahme der Zentraleinrichtungen für wissenschaftliche Weiterbildung der niedersächsischen Hochschulen. In: Universitäre Erwachsenenbildung in Niedersachsen. Hannover 1983, S. 7 – 13

HOERSTER, N.: Utilitaristische Ethik und Verallgemeinerung. Freiburg, München 1971

HÖFFE, O. (Hrsg.): Einführung in die utilitaristische Ethik. München, Verlag C.H. Beck 1975

HOFMANN, W.: Gestaltende Volksbildung. In: Archiv für Erwachsenenbildung 2 (1925), S. 21 – 31

HOLZHEY, H.: Neukantianismus. In: RITTER, J./ GRÜNDER, K. (Hrsg.): Historisches Wörterbuch der Philosophie, Bd. 6. Darmstadt 1984, S. 747 – 754

DIE INSTITUTION DER VOLKSTÜMLICHEN UNIVERSITÄTSKURSE. In: Zentralblatt für Volksbildungswesen 10 (1910), 4/5, S. 49 – 90

JONES, B.: Die Rolle der Universitäten in der britischen Erwachsenenbildung. In: KRÜGER, W. (Hrsg.): Universität und Erwachsenenbildung in Europa. Braunschweig, Westermann 1978, S. 115 – 131

JUNG, H.: Universitätskurse an Volkshochschulen – ein großer Schritt in der Geschichte der Erwachsenenbildung. In: BORINSKI, F. (Hrsg.): Universitäre Erwachsenenbildung in Berlin. Berlin 1971, S. 75 – 79

JUNIUS, M.: Universität und Volkshochschule. In: Pädagogische Rundschau 5 (1929), 9, S. 242 – 244

KAELBLE, H.: Chancenungleichheit und akademische Ausbildung in Deutschland 1910 – 1960. In: Geschichte und Gesellschaft 1 (1975), S. 121 – 149

KANT, I.: Sämtliche Werke. Hrsg. von G. HARTENSTEIN. Leipzig 1868

KEBSCHULL, H.: Zur Rolle der Seminarkurse in der Entwicklung der Volkshochschule Niedersachsens. In: Universitäre Erwachsenenbildung in Niedersachsen. Hannover 1983, S. 15 – 19

KEILHACKER, M.: Die Geschichte der Universitäts – Ausdehnungs – Bewegung in Deutschland und den angrenzenden Ländern deutscher Sprache. In: Vierteljahrsschrift für wissenschaftliche Pädagogik 1 (1925), S. 43 – 67

KEILHACKER, M.: Das Universitäts – Ausdehnungs – Problem in Deutschland und Deutsch – Österreich. Stuttgart, Verlag Silberburg 1929

KEILHACKER, M.: Universität und freie Erwachsenenbildung in Deutschland. In: Das Abendgymnasium 3 (1931), 3, S. 90 – 99

111

KEILHACKER, M.: Universität und freie Erwachsenenbildung in Deutschland. In: Vierteljahrsschrift für wissenschaftliche Pädagogik 7 (1931a), S. 266 — 270

KEIM, H./ OLBRICH, J.: Geschichte der Erwachsenenbildung nach 1945. Fernuniversität Gesamthochschule Hagen 1981 (= Geschichte der Erwachsenenbildung, Kurseinheit 4)

KEJCZ, Y./ MONSHAUSEN, H.K./ NUISSL, E./ PAATSCH, H.U./ SCHENK, P.: Bildungsurlaubs — Versuchs — und Entwicklungsprogramm, 8 Bände. Heidelberg, Esprint 1979 ff.

KLAUS, W./ FLASCHENDRÄGER, W.: Kaiser, Korps und Kapital. Akademische Bildungsstätten im Dienst von Monarchie und Imperialismus. In: FLASCHENDRÄGER, W. et al.: Magister und Scholaren, Professoren und Studenten. Geschichte deutscher Universitäten im Überblick. Leipzig; Jena; Berlin, Urania—Verlag 1981, S. 117 — 144

KNETEN, G./ SCHMIDT, W.: Entwicklung, Struktur und Funktion der Zentralstelle für auswärtige Seminarkurse der Universität Göttingen. In: Einrichtungen der Universitären Weiterbildung — Berichte und Materialien. Hannover 1975, S. 110 — 120 (= AUE — Informationen, Sonderheft 12)

KRAUS, A.: Im Widerstreit zwischen Fortschritt und Reaktion. Universitäten und Hochschulen in der Zeit der Weimarer Republik. In: FLASCHENDRÄGER, W. et al.: Magister und Scholaren, Professoren und Studenten. Geschichte deutscher Universitäten im Überblick. Leipzig; Jena; Berlin 1981, S. 145 — 172

KRÜGER, W.: Von den volkstümlichen Hochschulkursen zur wissenschaftlichen Weiterbildung. In: ders. (Hrsg.): Wissenschaft, Hochschule und Erwachsenenbildung. Braunschweig, Westermann 1982, S. 13 — 56

KRÜGER, W. (Hrsg.): Wissenschaft, Hochschule und Erwachsenenbildung. Braunschweig, Westermann 1982a

KÜNZEL, K.: Universitätsausdehnung in England. Stuttgart, Klett—Cotta 1974

LANDE, W.: Die Schule in der Reichsverfassung. Ein Kommentar. Berlin 1929

LENARTZ, W.: Universität und Volkshochschule. In: Volkshochschule im Westen 1 (1949), 3, S. 6 — 7

LÖFFLER, A.: Diskussionsbeitrag. In: Bericht über die Verhandlungen der Tagung für volkstümliche Hochschulvorträge im Deutschen Sprachgebiete. Leipzig 1905, S. 46f.

LOTZ: Diskussionsbeitrag. In: Bericht über die Verhandlungen der Tagung für volkstümliche Hochschulvorträge im Deutschen Sprachgebiete. Leipzig 1905, S. 15ff.

LOTZE, H.: Neue Wege der Erwachsenenbildung. In: Kulturarbeit 1 (1949), 2, S. 46

MANN, A.: Denkendes Volk, Volkhaftes Denken. Grundsteine zum Bau der deutschen Volkshochschule. Frankfurt am Main 1928

MARQUARDT, E.: Der Bildungsplan der Volkshochschule Groß—Berlin. In: Das Abendgymnasium 4 (1932), 4, S. 121 — 129

MAY, M.: Volkshochschulkurse und Hochschulpädagogik. In: Die Gegenwart 23 (1900), S. 361 — 362

MEISSNER, K.: Universität und Erwachsenenbildung in Schleswig—Holstein. Rendsburg 1953

MEISSNER, K.: Erwachsenenbildung und Universität. In: PROKOP, E./ RÜCKRIEM, G.M. (Hrsg.): Erwachsenenbildung — Grundlagen und Modelle. Weinheim, Beltz 1969, S. 185 — 196

MEISSNER, K.: Seminar für Erwachsenenbildung an der Universität Kiel. In: Zeitschrift für Pädagogik 16 (1970), 5, S. 687 — 692

MENZEL, A.: Universität und Volkshochschule. Kiel 1919

MEYER, J.B.: Volksbildung und Wissenschaft in Deutschland während der letzten Jahrhunderte. In: VIRCHOW, R./ HOLTZENDORFF, FR. v. (Hrsg.): Sammlung gemeinverständlicher wissenschaftlicher Vorträge, Heft 14, Berlin 1869[2]

MINISTERIUM FÜR WISSENSCHAFT, KUNST UND VOLKSBILDUNG (Hrsg.): Zur Volkshochschulfrage. Amtliche Schriftstücke. Leipzig, Quelle und Meyer 1919

MOOG, W.: Die deutsche Philosophie des 20. Jahrhunderts in ihren Hauptrichtungen und ihren Grundproblemen. Stuttgart 1922

MÜLLER, M./ HALDER, A. (Hrsg.): Kleines philosophisches Wörterbuch. Freiburg i.Br., Herder 1971

NATORP, P.: Die Aufnahme des Volksbildungswesens als Lehrfach an den Universitäten. In: Bericht über die Verhandlungen des V. Deutschen Volkshochschultages. Berlin 1912, S. 11 – 27

NATORP, P.: Universität und Volksbildung. In: Volksbildungsarchiv (Beiträge zur wissenschaftlichen Vertiefung der Volksbildungsbestrebungen). Zentralstelle für Volkswohlfahrt, Bd. III. Berlin 1913, S. 1 – 26

OLBRICH, J.: Formen und Möglichkeiten der Zusammenarbeit zwischen der Abteilung Erwachsenenbildung und dem Sekretariat für Erwachsenenbildung. In: BORINSKI, F. (Hrsg.): Universitäre Erwachsenenbildung in Berlin. Berlin 1971, S. 110 – 118

PENCK, A.: Diskussionsbeitrag. In: Bericht über die Verhandlungen der Tagung für volkstümliche Hochschulvorträge im Deutschen Sprachgebiete. Leipzig 1905, S. 2

PFLEIDERER, W.: Mitbürgerliche Erziehung als Aufgabe der Volkshochschule. Hrsg. vom VERBAND WÜRTTEMBERGISCHER VOLKSHOCHSCHULEN e.V. . Obereßlingen 1953

PICHT, W.: Volkshochschule und Wissenschaft. In: Die Arbeitsgemeinschaft 3 (1922), S. 206 – 214

PICHT, W.: Universität und Volkshochschule. In: PICHT, W./ ROSENSTOCK, E.: Im Kampf um die Erwachsenenbildung 1912 – 1926. Leipzig, Quelle & Meyer 1926, S. 69 – 88

PICHT, W.: Das Schicksal der Volksbildung in Deutschland. Braunschweig, Westermann 1950

PLESSNER, H.: Universität und Erwachsenenbildung. In: Gegenwartsaufgaben der Erwachsenenbildung. Hrsg. von der FRIEDRICH–NAUMANN–STIFTUNG. Köln; Opladen, Westdeutscher Verlag 1962, S. 79 – 90;
wieder abgedruckt in: PÖGGELER, F. (Hrsg.): Erwachsenenbildung im Wandel der Gesellschaft. Frankfurt am Main, Akademische Verlagsgesellschaft 1971, S. 128 – 139

PLESSNER, H./ STRZELEWICZ, W.: Universität und Erwachsenenbildung. In: Volkshochschule. Handbuch für Erwachsenenbildung in der Bundesrepublik. Hrsg. vom DEUTSCHEN VOLKSHOCHSCHUL–VERBAND. Stuttgart, Klett 1961, S. 97 – 109

PÖGGELER, F./ KNOLL, J.H./ SCHULENBERG, W.: Zur Erwachsenenbildung in Niedersachsen 1970 bis 1981. Gutachten über Entstehung, Praxis und Auswirkungen des Niedersächsischen Gesetzes zur Förderung der Erwachsenenbildung. Hrsg. vom NIEDERSÄCHSISCHEN MINISTER FÜR WISSENSCHAFT UND KUNST. Hannover 1982

POST, J.: Ein chemischer Experimentalvortrag vor Arbeitern. Mit einem sozialpolitischen Vorwort. Bremen, Nordwestdeutscher Volksschriftenverlag 1879

PRAHL, H.–W.: Sozialgeschichte des Hochschulwesens. München, Kösel 1978

PROBLEME DER DEUTSCHEN HOCHSCHULEN. Die Empfehlungen der Hinterzartener Arbeitstagungen im August 1952. Göttingen 1953 (= Schriften des Hochschulverbandes, Heft 3)

PROTOKOLL DER SITZUNG DER SENATSKOMMISSION FÜR FRAGEN DER ERWACHSENENBILDUNG DER UNIVERSITÄT GÖTTINGEN AM 21. NOVEMBER 1955. Abgedruckt in: KRÜGER, W. (Hrsg.): Wissenschaft, Hochschule und Erwachsenenbildung. Braunschweig, Westermann 1982a, S. 210f.

RAAPKE, H.–D.: Seminarkurse. Organisation – Stoffauswahl – Methode. In: Berliner Arbeitsblätter für die Deutsche Volkshochschule (1960), 13, S. 73 – 85

RAAPKE, H.–D.: Universität und Erwachsenenbildung. In: Kulturarbeit 13 (1961), 11, S. 213 – 217

RAAPKE, H.–D.: Seminarkurse. Mitarbeit der Universität in der Erwachsenenbildung. In: Hessische Blätter für Volksbildung 11 (1961a), 2, S. 158 – 161

RAAPKE, H.–D.: Zehn Jahre Göttinger Seminarkurse. In: Hessische Blätter für Volksbildung 15 (1965), 3, S. 167 – 174

RAAPKE, H.–D.: Wissenschaftliche Weiterbildung – Die Mitarbeit der Universitäten an der Erwachsenenbildung in der Bundesrepublik Deutschland. In: KRÜGER, W. (Hrsg.): Universität und Erwachsenenbildung in Europa. Braunschweig, Westermann 1978, S. 62 – 73

RAAPKE, H.–D./ LEUSCHNER, J.: Zur Didaktik wissenschaftlicher Seminare in der Erwachsenenbildung. In: Kulturarbeit 15 (1963), 5, S. 92 – 94 und 15 (1963), 9, S. 174 – 177

RAAPKE, H.–D./ SKOWRONEK, H.: Seminarkurse. Die Mitarbeit der Universität an der Erwachsenenbildung. Hrsg. vom NIEDERSÄCHSISCHEN KULTUSMINISTER. Hannover 1962

RADBRUCH, G.: Volkshochschule und Wissenschaft. In: Die Arbeitsgemeinschaft (1919) 3/4, S. 102 – 105

RAUMER, F. von: Rede zur Eröffnung des Vereins für wissenschaftliche Vorträge in Berlin. In: ders.: Vermischte Schriften, 1. Bd. . Leipzig 1852

RAUMER, R. von: Die Stellung der deutschen Universitäten zu den Bestrebungen populärer Belehrung (Rede beim Antritt des Prorectorats an der Universität Erlangen). In: Monatsblätter für innere Zeitgeschichte 29 (1867), S. 1 – 12

DIE REICHSSCHULKONFERENZ 1920. Ihre Vorgeschichte und Vorbereitung und ihre Verhandlungen. Amtlicher Bericht, erstattet vom Reichsministerium des Inneren. Leipzig 1921. Unveränderter Neudruck. Glashütten, Auvermann 1972 (= Deutsche Schulkonferenzen, Band 3)

REIN, W.: Volkshochschulen. In: Die Gegenwart 51 (1897), 4, S. 51 – 53

REIN, W.: Volkshochschul – Kurse mit Beziehung auf unsere Universitäten. In: Der Bildungs – Verein 30 (1900), 6, S. 130 – 137

REIN, W.: Fortbildungskurse an der Universität. University – Extension. In: Encyklopädisches Handbuch der Pädagogik. Hrsg. von ders., 2. Band. Langensalza, Hermann Beyer & Söhne 1904[2], S. 931 – 936

REIN, W.: Volkshochschule. In: Encyklopädisches Handbuch der Pädagogik. Hrsg. von ders., 9. Band. Langensalza, Hermann Beyer & Söhne, 1909[2], S. 702 – 718

REYER, E.: Handbuch des Volksbildungswesens. Stuttgart 1896

RÖHRIG, P.: Volksbildung und Wissenschaft. Eine historisch–kritische Betrachtung. In: HÖMIG, H./ TYMISTER, J. (Hrsg.): Wissenschaft in Hochschule und Schule. Köln 1972, S. 227 – 240

ROSENSTOCK, E.: Das Dreigestirn der Bildung. In: Die Arbeitsgemeinschaft 2 (1921), S. 177 – 199

ROSENSTOCK, E.: Die Ausbildung des Volksbildners. In: Die Arbeitsgemeinschaft 3 (1922), S. 73 – 90

SATZUNG DER VOLKSHOCHSCHULE GROß – BERLIN. In: Mitteilungen der Volkshochschule Groß – Berlin (1920), 1, S. 8ff.

SCHÄFER, E.: Wissenschaftliche Weiterbildung als Transformationsprozeß – theoretische, konzeptionelle und empirische Aspekte. Leverkusen, Leske und Budrich 1988

SCHÄFFTER, O.: Internationale Ferienkurse für Erwachsenenbildung. In: BORINSKI, F. (Hrsg.): Universitäre Erwachsenenbildung in Berlin. Berlin 1971, S. 52 – 68

SCHAFFUNG VON BERATUNGSSTELLEN FÜR VOLKSHOCHSCHULEN AN DEN UNIVERSITÄTEN. Erlaß des Ministers für Wissenschaft, Kunst und Volksbildung vom 30. April 1919. In: Zentralblatt für die gesamte Unterrichtsverwaltung in Preußen. Berlin 61 (1919), S. 424 – 425

SCHELER, M.: Universität und Volkshochschule. In: WIESE, L. v. (Hrsg.): Soziologie des Volksbildungswesens. München 1921, S. 153 – 191. Erneut abgedruckt in: SCHELER, M.: Die Wissensformen und die Gesellschaft. Leipzig 1926, S. 489 – 537

SCHELER, M.: Die Formen des Wissens und die Bildung. Bonn, Lohen 1925

SCHELER, M.: Bildung und Wissen. Frankfurt am Main, 3. Auflage 1947

SCHLEIERMACHER, F.: Gelegentliche Gedanken über Universitäten in deutschem Sinn (1808). In: ders.: Pädagogische Schriften 2. Berlin; Wien, Ullstein 1984, S. 81 – 139

SCHULENBERG, W.: Zum Problem der Wissensvermittlung bei Erwachsenen. In: Volkshochschule. Handbuch für Erwachsenenbildung in der Bundesrepublik. Hrsg. vom DEUTSCHEN VOLKSHOCHSCHUL–VERBAND. Stuttgart, Klett 1961, S. 159 – 170

SCHULENBERG, W.: Erwachsenenbildung. In: GROOTHOFF, H.–H. (Hrsg.): Pädagogik (Fischer Lexikon). Frankfurt/Main 1964, S. 65 – 74

SCHULENBERG, W.: Soziologische Aspekte der Legitimationsproblematik in der Erwachsenenbildung. In: OLBRICH, J. (Hrsg.): Legitimationsprobleme in der Erwachsenenbildung. Stuttgart, Kohlhammer 1980, S. 18 – 34

SCHULTZE, E.: Volksbildung und Volkswohlstand. Eine Untersuchung ihrer Beziehungen. Stettin 1899

SCHULZ, H.: Politik und Bildung. Berlin, Verlag J.H.W. Dietz Nachf. 1931

SCHWALBACHER RICHTLINIEN. Richtlinien für die Reform der Hochschulverfassungen in den Ländern des amerikanischen Besatzungsgebietes. Vorschläge eines Sachverständigenausschusses. Heidelberg 1947

SEIFERT, E.: Geschichte der universitären Erwachsenenbildung. In: PÖGGELER, F. (Hrsg.): Geschichte der Erwachsenenbildung. Handbuch der Erwachsenenbildung, Band 4. Stuttgart, Kohlhammer Verlag 1976, S. 187 – 196

SELLACH, B.: Auswertung und Kommentierung der Kursleiterbefragung. Hannover 1973 (= AUE – Informationen, Sonderheft 3)

SEMINARKURSE IN NIEDERSACHSEN. In: Themenangebote 1982/83 für Seminarkurse im Weiterbildungsbereich. Zentrale Einrichtung für Weiterbildung der Universität Hannover. Hannover 1982, S. 204f.

SIEBERT, H.: Untersuchungsergebnisse zum Lehr– und Lernverhalten. In: ders. (Hrsg.): Praxis und Forschung in der Erwachsenenbildung. Opladen 1977, S. 59 – 88

SILBERMANN, P.A./ HAAC, O.E.: Die Berliner Abend–Universität. Ein Vorschlag. Berlin 1930

STAB, K.R.: Über Volks– und Bürgerakademien, Lehrconvente, Bildungsinstitute, Bildungsstunden und Zunftschulen oder Vorschläge zur Förderung allgemeiner Volksbildung. Berlin 1844

STATUT DER GESELLSCHAFT für Verbreitung von Volksbildung (Angenommen auf der ersten ordentlichen Generalversammlung am 29. Oktober 1871 zu Berlin. Verbessert durch die zweite ordentliche Generalversammlung am 6. – 8. Juli 1872 zu Darmstadt). Abgedruckt in: DRÄGER, H.: Die Gesellschaft für Verbreitung von Volksbildung. Stuttgart 1975, S. 300 – 305

STÖRIG, H.J.: Kleine Weltgeschichte der Philosophie. 2 Bände. Frankfurt am Main, Fischer 1969

STRZELEWICZ, W.: Hochschulen des Volkes. Der Göttinger Versuch. In: Offene Welt (1956), Nr. 45, S. 457 – 459

STRZELEWICZ, W.: Die Göttinger Seminarkurse. In: Volkshochschule im Westen 10 (1958), 7/8, S. 162 – 164

STRZELEWICZ, W.: Seminarkurse. Die Mitarbeit der Universität an der Erwachsenenbildung. Ein Göttinger Bericht. Hrsg. vom SEKRETARIAT FÜR SEMINARKURSE. Göttingen 1959

STRZELEWICZ, W.: Die Mitarbeit der Universität an der Erwachsenenbildung. In: Deutsche Universitätszeitung 15 (1960), 5, S. 9 – 13

STRZELEWICZ, W.: Vorbereitungszeit und erste Jahre der Göttinger Seminarkurse – Persönliche Erinnerungen. In: Universitäre Erwachsenenbildung in Niedersachsen. Hrsg. vom LANDESVERBAND DER VOLKSHOCHSCHULEN NIEDERSACHSENS e.V. Hannover 1983, S. 23 – 31

STRZELEWICZ, W./ RAAPKE, H.–D./ SCHULENBERG, W.: Bildung und gesellschaftliches Bewußtsein: Eine mehrstufige soziologische Untersuchung in Westdeutschland. Stuttgart, Enke 1966

TIETGENS, H. (Hrsg.): Erwachsenenbildung zwischen Romantik und Aufklärung. Göttingen, Vandenhoeck & Ruprecht 1969

TIETGENS, H.: Teilnehmerorientierung in Vergangenheit und Gegenwart. Frankfurt/Main 1983 (= Berichte, Materialien, Planungshilfen; Pädagogische Arbeitsstelle des Deutschen Volkshochschulverbandes)

URBACH, D.: Die Volkshochschule Groß–Berlin 1920 bis 1933. Stuttgart 1971

VOGEL, R.M.: Volksbildung im ausgehenden 19. Jahrhundert. Stuttgart 1959

VOLKSHOCHSCHULSTELLEN. Erlaß des Ministers für Wissenschaft, Kunst und Volksbildung vom 10. Dezember 1920. In: Zentralblatt für die gesamte Unterrichtsverwaltung in Preußen. Berlin 63 (1921), S. 25 – 26

VOLKSTHÜMLICHE KURSE VON BERLINER HOCHSCHULLEHRERN. In: Zeitschrift der Centralstelle für Arbeiter–Wohlfahrtseinrichtungen 5 (1898), 24, S. 289 – 291

WAHL, A.: Rede über "Universität und Volksbildung". In: UNIVERSITÄT TÜBINGEN (Hrsg.): Reden anläßlich der Rektoratsübergabe am 30. April 1921 im Festsaal der neuen Aula. Tübingen 1921, S. 11 – 20

WEITSCH, E.: Zur Sozialisierung des Geistes. Grundlagen und Richtlinien für die deutsche Volkshochschule. Jena 1919

WEITSCH, E.: Zur Technik des Volkshochschulunterrichts. In: Freie Volksbildung, Neue Folge des "Archivs für Erwachsenenbildung" 1 (1926), S. 279 – 300

WEIZSÄCKER, V. von: Wissenschaft und Volkshochschule. In: Die Arbeitsgemeinschaft 3 (1922), S. 199 – 205

WENIGER, E.: Universität und Volksbildung. In: Die Sammlung 5 (1950), S. 608 – 617

WILLIAMS, B.: Kritik des Utilitarismus. Hrsg. und übersetzt von WOLFGANG R. KÖHLER. Frankfurt am Main, Klostermann 1979

WÖRMANN, H.–W.: Zwischen Arbeiterbildung und Wissenschaftstransfer. Universitäre Erwachsenenbildung in England und Deutschland im Vergleich. Berlin Argument–Verlag 1985